PERESLAWL-SALESSKI
ROSTOW WELIKI
BORISSOGLEBSKIJE SLOBODY
NIKOLA-ULEIMA
UGLITSCH
TUTAJEW
JAROSLAWL
KOSTROMA
KRASNOJE AN DER WOLGA
PLJOS
SUSDAL
BOGOLJUBOWO
WLADIMIR
JURJEW-POLSKI
ALEXANDROW
SAGORSK

DER GOLDENE RING

AURORA-KUNSTVERLAG · LENINGRAD

Texte von F. Kudrjawzew
Aus dem Russischen übertragen
von N. Kolojarzew und A. Naumenko
Fotos von I. Stin und A. Firsow
Maket von K. Wyssozkaja
Gestaltung von V. Lewtschenko

Printed and bound in Yugoslavia

3 $\frac{4902020000\text{-}651}{023\ (01)\text{-}88}$ без объявления

ISBN-5-7300-0145-2

»Der Goldene Ring« heißt eine Reiseroute, die sowjetischen und ausländischen Besuchern erst vor wenigen Jahren als touristische Rundreise erschlossen wurde. Von besonderem Interesse ist sie für Liebhaber der altrussischen Architektur. Aber »golden« ist sie zweifellos. Der Nordosten des alten Moskauer Staates ist außerordentlich reich an Geschichts- und Kulturdenkmälern. Zum Teil werden ganze Städte als Museen angesehen. Diese »Steinerne Chronik«, ein Werk von Menschenhand, ist Zeuge der geschichtlichen Ereignisse. In den sechzehn Kapiteln dieses Büchleins wird darüber kurz berichtet. Es werden die bemerkenswertesten Orte dieser Reiseroute und die interessantesten erhalten gebliebenen Denkmäler der altrussischen Architektur beschrieben.

Vor einem halben Jahrhundert waren viele der schönen Bauten dem völligen Verfall nahe. Ein großes Verdienst der sowjetischen Restauratoren besteht in der Rettung der Denkmäler und in der Wiederherstellung ihrer alten Schönheit und Harmonie. Besonders erwähnenswert ist dabei, daß an der Erhaltung, wissenschaftlichen Untersuchung und Restauration der Bauwerke nicht nur

Gelehrte, Architekten, Archäologen und Historiker teilnahmen, sondern sehr oft auch Funktionäre, Ortskundige und Pädagogen, die die ungeheuere kunst- und kulturhistorische Bedeutung dieser Denkmäler erkannten.

Einen besonders großen Umfang erreichten die Restaurationsarbeiten nach dem Sieg im Großen Vaterländischen Krieg. Entsprechend der Verordnung des Ministerrats der RSFSR wurde 1966 die »Allrussische Gesellschaft zum Schutze von historischen Stätten und Kulturdenkmälern« gebildet. Diese Gesellschaft entwickelte die Idee der Schaffung einer speziellen touristischen Reiseroute, des »Goldenen Ringes«. Dieser Ring erweitert sich ständig durch neue Orte und Baudenkmäler, die restauriert und unter staatlichen Schutz gestellt werden.

Die Reiseroute beginnt und endet in Moskau und führt durch die Gebiete Moskau, Jaroslawl, Kostroma und Wladimir. Ein Tourist, der aus Moskau kommend der Route des »Goldenen Ringes« folgt, trifft etwas abseits, aber dicht an der Jaroslawler Chaussee, gleich auf architektonische Denkmäler: die Städte Puschkino, Bratowstschina, Rachmanowo, Muranowo, Abramzewo, Safarino, Wosdwishenskoje und die Wälle des uralten Radonesh. Und dabei entsteht wie eine märchenhafte Vision das Dreieinigkeits-Sergius-Kloster in Sagorsk vor seinen Augen. Man könnte diesen Bericht mit Sagorsk beginnen.

Dann würden wir jedoch die geschichtliche Folge unterbrechen, andere Städte sind älter. So gibt es zum Beispiel Pereslawl-Salesski, die Heimatstadt des berühmten russischen Fürsten Alexander Newski (in der Umgebung der Stadt findet man auch heute noch den »Alexanderberg«, wo der Überlieferung zufolge seine Sommerresidenz stand). Darum fahren wir ohne Aufenthalt durch Sagorsk (wir kommen noch einmal an diesen Ort zurück) und machen die erste Station am Ufer des Plestschejewo-Sees, hinter den hohen Erdwällen der Stadt Pereslawl-Salesski.

PERESLAWL-SALESSKI

Die Stadt Pereslawl ist eine der ältesten Städte Rußlands. Schon im 10. und 11. Jahrhundert existierte hier die slawische Festung Klestschin; ihre Wälle sind hinter dem See sichtbar. Als Begründer von Pereslawl-Salesski gilt Juri Dolgoruki. Unter seiner Regentschaft als Fürst wurden die Grundpfeiler der Alten Rus erschüttert. Die Anzahl der Grenzwachen im Süden verringerte sich ständig. So konnten die Steppennomaden die slawischen Ackerbauern überwältigen. Allmählich wichen die Russen nach Nordosten, in die unbewohnten dichten Wälder zurück, die immer in schweren Jahren eine sichere Unterkunft waren. Auf Flüssen und alten Landstraßen drängten sie auf Umwegen in das entfernte Salessje[1]. Den Flüssen und neuerrichteten Burgen gaben sie zur Erinnerung an ihre verlassene Heimat russische Namen.

Im Kiewer Land lag am Fluß Trubesh die Stadt Pereslawl. In den neuen Gebieten entstand in der Nähe eines gewundenen Flüßchens, das man auch Trubesh nannte, die Stadt Pereslawl-Salesski. Der tiefe, unruhige See, in den dieser Fluß mündet, hat den Namen Plestschejewo-See erhalten. Wegen des großen Fischreichtums in diesem See sind im alten Stadtwappen unter dem goldenen Wladimirer Fürstenlöwen zwei Silberfische zu sehen.

Die Stelle, an der sich Klestschin befand, erwies sich als unvorteilhaft, und Juri Dolgoruki verlegte den Kreml auf das Südufer des Trubesh. Er ließ einen Festungsgraben bauen, Erdreich aufschütten und Wälle errichten. Die Burg wurde mit einer Palisade umfriedet. Dolgoruki ließ für sich ein festes Haus und für seine Krieger und Knechte einfache Holzhütten bauen. Im Jahre 1152 legte er den Grundstein für die Christi-Verklärungs-Kathedrale. Er selbst konnte den Bau aus weißem Kalkstein nicht zu Ende führen. Diese Arbeit übernahm sein Sohn Andrej Bogoljubski.

Bis heute sind die steilen Abhänge der hohen Kremlwälle erhalten geblieben. Seit 800 Jahren steht hinter ihnen, auf dem Roten Platz, die weiße Kirche, das älteste Denkmal im Nordosten der Alten Rus, einschließlich Moskaus. In ihrer strengen Einfachheit ähnelt sie den Nowgoroder Kirchen. An den Fassaden sind drei halbrunde Sakomaren[2] zu sehen, deren mittlere etwas höher ist. Die Apsiden sind mit einem einfachen Fries aus Zahnschnitt und kleinen Bögen geschmückt. Die Kuppeltrommel zeigt ebenfalls ein Zahnschnittband und eine Kante kegelartiger Verzierungen, die an Dachschindeln aus Espenholz erinnern. Die Jahrhunderte haben die Erdoberfläche um die Wände angehoben

---

[1]Salessje: russ., hinter den Wäldern liegendes Land.

[2]Sakomara: halbkreisförmiger Abschluß der oberen Wandteile (Rundgiebel) eines Kirchengebäudes, zumeist der Form des Gewölbes entsprechend, aber auch dekorativ aufgesetzt (Pseudo-Sakomara).

und ihren Sockel bedeckt. Das Gebäude ist dadurch niedriger, gedrungener geworden. Aber auch heute noch ist es majestätisch schön. Auf dem kleinen Platz vor der Kirche wurde in den fünfziger Jahren unseres Jahrhunderts ein Denkmal zu Ehren des berühmten russischen Kriegsfürsten Alexander Newski errichtet.

Außer der Kathedrale sind im Kreml nur wenige Bauten erhalten geblieben. Der älteste davon ist die 1585 erbaute Kirche des Metropoliten Peter. Als ihr Vorbild diente wahrscheinlich die berühmte Christi-Himmelfahrts-Kirche im Dorf Kolomenskoje (jetzt innerhalb der Stadtgrenzen Moskaus). Sie hat ebenfalls einen kreuzförmigen Grundriß, einen offenen Bogengang und ein polygones Zeltdach auf einem Achteck. Die schuppenartig gedeckte Zwiebelkuppel ruht auf einer kleinen Trommel, die unten von einem Gurt begrenzt wird. Das Gebäude hat durch die Zeit gelitten; vieles ist verlorengegangen, aber es wurde mit viel Liebe restauriert und bietet einen schönen Anblick.

Die drei alten Klöster sind der Stolz und die Zierde von Pereslawl-Salesski. Am ältesten ist das Gorizki-Kloster, das der Überlieferung nach während der Regierungszeit von Iwan Kalita[1] gegründet wurde. Es steht am See und gleicht aus der Ferne einer Märchenstadt.

Ein bewundernswertes Baudenkmal aus dem 17. Jahrhundert ist das Einfahrtstor des Klosters mit seiner winzigen Torkirche und seinem Wärterhäuschen. Der Bau ist asymmetrisch angelegt, und die Fassade ist reich mit figürlichen Darstellungen aus Ziegeln, mit Stukkatur und Kacheln geschmückt. Schon vor mehr als hundert Jahren hat dieser Bau zu Recht den Namen »die mit Kostbarkeiten überschüttete Schatulle« erhalten und zieht auch heute noch die Aufmerksamkeit der Künstler, Archäologen und Architekten auf sich.

Bemerkenswert ist die große siebenkuppelige Mariä-Himmelfahrts-Kathedrale aus dem Jahre 1757. In ihrem Innern befinden sich ausgezeichnete Wandbilder und weißer Stuckdekor auf blauem Grund, die an die Ausstattung der Christi-Auferstehungs-Kathedrale des Klosters Neu-Jerusalem in Istra bei Moskau erinnern. Diese Ähnlichkeit ist nicht zufällig. Der majestätische Ikonostas der Mariä-Himmelfahrts-Kathedrale in Pereslawl-Salesski wurde ebenfalls nach Entwürfen des Architekten K.J. Blank und von denselben Steinmetzen ausgeführt, die unter der Leitung von Alexej Petrow in Istra gearbeitet hatten.

Das Daniel-Kloster befindet sich im südwestlichen, niedriger gelegenen Teil der Stadt. Zu Ehren der Geburt des zukünftigen Zaren, Iwan des Schrecklichen, wurde auf dem Gelände des Klosters in den Jahren

---

[1]Iwan Kalita: Moskauer Fürst, Großfürst von Wladimir von 1328–1340.

1530–1532 die einkuppelige Dreieinigkeits-Kathedrale errichtet. Auftraggeber war Wassili III. Der Mönch Daniel wurde mit dem Bau beauftragt. Dieser bis zum Abt emporgestiegene Mönch hatte sich durch seine Schlauheit die Gunst des Großfürsten erworben und war sogar Taufpate von dessen Sohn Iwan geworden. Die Kathedrale kann durchaus mit der alten Christi-Verklärungs-Kathedrale verglichen werden. Sie ist ebenfalls von schlichter Schönheit, äußerst proportional und wirkt trotz des sparsamen Dekors festlich und imposant. Nur ein sehr begabter Meister konnte ein solches Bauwerk errichten. Vielleicht war es der Rostower »Ziegelmeister« Grigori Borissow, dessen Namen wir auf unserer Fahrt auf dem »Goldenen Ring« noch mehrmals begegnen werden. In der zweiten Hälfte des 17. Jahrhunderts schmückte der berühmte Guri Nikitin mit seiner Gruppe von Malern die Wände und Gewölbe der Kathedrale mit Fresken. Diese Wandbilder haben riesigen Kunstwert. Einen besonders starken Eindruck macht eine die ganze Kuppel bedekkende Darstellung des Erlösers.

Neben der Dreieinigkeits-Kathedrale steht ein anderer Einkuppelbau, die kleine, aber sehr heiter wirkende Allerheiligenkirche. Fürst Barjatinski, der später als Mönch Jefrem im Daniel-Kloster lebte, errichtete die Kirche im Jahre 1687 auf eigene Kosten. An der südlichen Kirchenmauer befindet sich über seinem Grab eine steinerne Gedenktafel. Neben der Tafel sehen wir zwei Fenster, deren Umrahmungen üppig mit verschiedenen Ornamenten geschmückt sind. Der unbekannte Baumeister war sicherlich ein lebenslustiger, heiterer Mensch, der den Nachkommen seine Lebensauffassung in Stein hinterlassen wollte. Gleich daneben ragt ein Glockenturm empor. Er wurde nur zwei Jahre später erbaut, zweifellos von einem anderen Meister, nach dem schweren Zeltdach und dem massiven quadratischen Unterbau zu urteilen. Im Daniel-Kloster gibt es zwei, nicht unmittelbar klerikalen Zwecken dienende Gebäude, ein zweigeschossiges Refektorium und ein siebzig Meter langes Wohngebäude für die Mönche. Für damals (Ende des 17. Jahrhunderts) waren diese Gebäude nicht nur schön, sondern auch mit allen Bequemlichkeiten, einschließlich Kaloriferheizung, ausgestattet. Reste des weißen Kalksteindekors sind bis heute erhalten geblieben.

In der Stadt haben sich einige interessante Kirchen aus dem 17. und 18. Jahrhundert erhalten, zum Beispiel die Erlöser-Cornelius-Kirche (1696–1705). Bedeutend größeren Kunstwert hat aber wohl das an der Straße nach Jaroslawl gelegene Nikita-Kloster.

Ohne Eile, jahrzehntelang, baute man in der Alten Rus. Den Kalk ließ man drei bis vier Jahre lagern. Die Ziegel wurden geformt und getrocknet; neben der Baustelle wurden Öfen zum Ziegelbrennen errichtet. Aber das Nikita-Kloster, seine Festungsmauer mit den Türmen und die Kathedrale hat man in unerhört kurzer Frist, in nur drei Jahren

(1561–1564) erbaut. Iwan der Schreckliche hatte die Absicht, das alte, aber arme Kloster in eine mächtige, befestigte Burg für sich und seine Leibgarde zu verwandeln. Erst im letzten Moment wählte er dazu eine andere Stelle, das Großdorf Alexandrowa Sloboda.

Die Nikita-Festung hielt 1608 einer zweiwöchigen Belagerung durch die polnischen Schlachtschitzen des Jan Sapieha stand, wurde jedoch dabei in Brand gesetzt und fast völlig zerstört. Ihre Mauern, Türme und kultischen Einrichtungen wurden 1643 wiederaufgebaut. Das älteste Gebäude des Klosters ist eine kleine Kirche aus der Zeit Wassili III. Sie wurde später aufgestockt, hat aber die dreiblättrigen Sakomaren behalten und ist jetzt eine Kapelle der unter Iwan dem Schrecklichen erbauten fünfkuppeligen Kathedrale, deren recht mittelmäßige Architektur sie belebt. Es besteht die Vermutung, daß die mit der kabardinischen Fürstin Maria Temrjukowna, der zweiten Gemahlin des Zaren, angekommenen kaukasischen Baumeister am Bau der Kathedrale mitwirkten. Den orientalischen Einfluß sieht man an den für die russische Baukunst ungewöhnlichen Spitzbögen, die den Tambour der zentralen Kuppel tragen.

Die großen Refektorienpaläste und die Mariä-Verkündigungs-Kirche stammen gänzlich aus der Mitte des 17. Jahrhunderts. Dieser Gebäudekomplex zeichnet sich durch eine schöne Silhouette und prächtige architektonische Details aus. Ein etwas schwerfälliger Glokkenturm mit Zeltdach ergänzt das Ensemble. Die Mauern und die Türme stellen ein ausgezeichnetes Beispiel für den Wehrbau aus dem 16. Jahrhundert dar.

Neben der Klostereinfahrt steht noch ein hoher, stufenartiger Glokkenturm aus dem Jahre 1818. Früher hielt man ihn für einen Fremdkörper. Diese Ansicht ist nicht berechtigt. Der Turm fügt sich sehr gut in das Panorama des Ensembles ein und verstärkt durch seine klare Vertikale dessen architektonische Wirkung. Ohne diesen Turm würde das Nikita-Kloster niedriger und gedrungener wirken. »Steinerne Chronik« nennt man die alte Architektur. Sie wurde auf verschiedene Art und Weise geschrieben, aber immer wahr und aufrichtig.

1 *Pereslawl-Salesski. Blick vom Gorizki-Kloster →*

2 *Pereslawl-Salesski. Christi-Verklärungs-Kathedrale. 1152–1157*

3 *Pereslawl-Salesski. Nikita-Kloster. 16.–19. Jh.*

4 *Pereslawl-Salesski. Kirche des Metropoliten Peter. 1585. Galerie. 18. Jh., Glockenturm. 19. Jh.*

5 *Pereslawl-Salesski. Kirche des Metropoliten Peter. Zeltdach. 1585*

6 *Pereslawl-Salesski. Gorizki-Kloster. 17.–18. Jh. Ansicht von Nordwesten →*

7 *Pereslawl-Salesski. Gorizki-Kloster. Einfahrtstor. 17. Jh.*

8 *Pereslawl-Salesski. Gorizki-Kloster. Einfahrtstor. Fragment des Dekors. 17. Jh.*

9 *Pereslawl-Salesski. Gorizki-Kloster. Allerheiligenkirche und Mariä-Himmelfahrts-Kathedrale. 17.–18. Jh. →*

10 *Pereslawl-Salesski. Gorizki-Kloster. Nordmauer*

11 *Pereslawl-Salesski. Daniel-Kloster. 16.–17. Jh.*

12 *Umgebung von Pereslawl-Salesski →*

ROSTOW WELIKI

Nur zwei Städte hießen in der Alten Rus »Weliki« (Groß). Die erste war Nowgorod, die zweite Rostow. Schon zwölf Jahrhunderte steht sie am Nero-See. Noch vor der Ankunft der Slawen war hier eine Merjanensiedlung[1]: Einer der Vororte von Rostow hieß lange Zeit »Tschud-Grenze«, ja alle finnougrischen Stämme wurden in der Sprache der slawischen Vorfahren »Tschud« (merkwürdig, fremd) genannt.

In der reichen Handelsstadt Rostow regierte die Wetsche (Volksversammlung). Die Bevölkerung hatte die Fürstenmacht nur sehr widerwillig anerkannt. Noch feindseliger verhielt sie sich zu dem ihr aufgezwungenen Christentum. Im Jahre 1073 wurde der Bischof Leonti umgebracht, der die neue Religion zu eifrig einführte. Mehr als siebzig Jahre lang konnte sich die Kirche nicht entschließen, einen neuen Bischof nach Rostow zu entsenden. Dem Großfürsten Andrej Bogoljubski gelang es, die eigenwilligen Rostower zu zügeln. Aber auch er hatte Angst, in der schönsten und größten Stadt seines Fürstentums zu wohnen. Im Jahr 1162 ließ Andrej Jurjewitsch Bogoljubski die Mariä-Himmelfahrts-Kathedrale aus weißem Kalkstein in seiner Stadt errichten. Diese Kathedrale wurde mehrmals umgebaut, aber bis heute sind die alten Fundamente, die unteren Teile der Mauern und sogar Fragmente der Fresken aus dem 12. Jahrhundert erhalten.

Das in seiner Schönheit seltene Panorama von Rostow entfaltet sich schon etwa zehn Kilometer vor der Stadt, wenn man von Moskau kommt. Wir sehen riesige Wolken am Himmel, der hier selten klar ist, und einen glatten, bleigrauen See, der in alten Zeiten wasserreich war und von großen Schiffen, die auf dem Fluß Kotorosl zur Wolga fuhren, als Wasserweg benutzt wurde.

Hinter dem See ist eine malerische Gruppe von Kirchen sichtbar: die silbernen Kuppeln der Mariä-Himmelfahrts-Kathedrale, der bezaubernde schneeweiße Kreml, das Ensemble des später gebauten Jakowlew-Erlöser-Klosters und im Hintergrund das uralte Abrahamskloster. Direkt vor der Stadt, an dem heute ausgetrockneten Flüßchen Ischna, steht die wunderschöne Kirche Johannes des Evangelisten, die letzte Holzkirche im Jaroslawler Gebiet.

In Rostow kann der Besucher heute im wesentlichen nur den glitzernden Kreml, die ehemalige Metropolitenresidenz, sehen, dessen Türme, Kuppeln und filigranartigen Kreuze mit Gold und Silber verziert sind. Noch vor einigen Jahren hätten wir alle diese prächtigen Bauwerke nicht bewundern können. Im August 1953 tobte ein starker Wirbelsturm in der Stadt, der Bäume entwurzelte und die Dächer wie Herbst-

---

[1]Merjanen: finnougrischer Stamm, der im Altertum an der oberen Wolga lebte.

blätter abriß. Alle Rostower Kirchen verloren ihre Kuppeln und waren verunstaltet. Der schnelle Wiederaufbau der zerstörten Gebäude ist eine der bedeutendsten Errungenschaften der sowjetischen Architekten und Restauratoren.

Der größte Teil der Kremlbauten entstand Ende des 17. Jahrhunderts. Die Arbeiten dauerten nur fünfzehn bis zwanzig Jahre und wurden vom Rostower Metropoliten Jona Syssojewitsch aus eigenen Mitteln finanziert. Die Rostower Metropoliten waren durch ihre großen Reichtümer berühmt. Mit der Arbeit betraute Jona die besten Steinmetzen und Heiligenmaler.

Die etwa einen Kilometer lange Mauer mit elf Türmen hatte keine militärische Bedeutung – echte Festungen wurden Ende des 17. Jahrhunderts anders gebaut. Aber der üppige Dekor erhöhte das Ansehen des Metropoliten. Die hohen Mauern und festen Tore hatten auch praktische Bedeutung, sie schützten die großen Kostbarkeiten,die sich innerhalb des Kremls befanden.

Im Kreml befanden sich früher die Prälatenkammern, Fürstentereme[1] und der Metropolitenhof. Später kamen vier Kirchen, der Rote und der Weiße Palast und das Otdatotschnaja-Haus[2] hinzu. Der Metropolitenhof wurde umgebaut, man errichtete ein System von Übergängen, auf denen man noch heute fast alle Gebäude des Kremls durchwandern kann, ohne auf die Erde herunterzusteigen.

Über dem Haupteingang des Klosters, gegenüber der Mariä-Himmelfahrts-Kathedrale, wurde 1670 als erste Kirche die Auferstehungs-Kirche erbaut. Sie steht auf einem hohen Unterbau, hat fünf Kuppeln und spitz zulaufende Sakomaren, die für die Kirchenbauten des Metropoliten Jona charakteristisch sind und die vierundzwanzig Dachneigungen bilden. Dieser Kirche ähnlich, aber noch schöner ist die Kirche Johannes des Evangelisten (1683) in der westlichen Kremlmauer. An den Seiten dieser Kirchen befinden sich runde Türme mit kubusartigen Dächern, die mit Espenholzschindeln gedeckt sind. An der Luft bekommt das Espenholz sehr bald eine grausilberne Farbe und einen seidigen Glanz; solche Dächer sind sehr schön und verhältnismäßig dauerhaft.

Die dritte Kirche ist die Hauskirche des Metropoliten. Sie heißt Erlöser-Kirche »über der Vorhalle« und hat eine vergoldete Kuppel. Von außen sieht sie sehr bescheiden aus: ein achteckiges Dach, an den Wän-

---

[1]Terem: Turmhäuser der Fürsten und Bojaren im alten Rußland.

[2]Otdatotschnaja: »Zurückgabekammern«. So hießen Ende des 16. und im 17. Jh. jene Stellen, in denen die Rückgabe der durch Regierungsagenten festgenommenen flüchtigen Bauern an ihre ehemaligen Besitzer registriert wurde.

den Blendbögen und kaum wahrnehmbare Pilaster. Im Innern ist sie reicher ausgestattet als die anderen. Für die Gläubigen steht nur ein Drittel ihres Raumes zur Verfügung. Die Solea (das Podium vor dem Ikonostas) ist um acht Stufen erhöht. Der Altar ist noch höher. Über der Solea erhebt sich eine Arkade mit vergoldeten Säulen, in den Bogenspannungen hängen kleine Bossen. Als Ikonostas dient eine Steinmauer. Die Kirche wurde von einheimischen Malern mit Fresken verziert.

Die Auferstehungs-Kirche und die Kirche Johannes des Evangelisten haben ebenfalls eine Steinwand anstelle des üblichen Holzikonostas. In der ersten Kirche ist die Solea halb so hoch wie in der Erlöser-Kirche »über der Vorhalle«. In der zweiten ist sie ganz niedrig, denn nebenan, im Roten Palast, wohnten vornehme Gäste, und es war nicht »angemessen«, daß sich der Metropolit über deren Häupter erhob. Die beiden Kirchen wurden von den berühmten Meistern Guri Nikitin und Sila Sawin aus Kostroma und Dmitri Plechanow aus Pereslawl-Salesski ausgemalt. In den Fresken wurde viel Blau verwendet. Diese Farbe war zu jener Zeit die teuerste, aber der Metropolit scheute keine Ausgaben, denn er wollte seinen Reichtum und seine Großzügigkeit zeigen.

Der vierte Kirchenbau, die Kirche Gregor des Theologen, steht außerhalb der Klostermauern auf dem Platz des ehemaligen Gregor-Klosters, wohin 1214 aus Jaroslawl die erste Schule im Nordosten der Rus verlegt worden war.

Der vor kurzem aus den Ruinen wiederaufgebaute Rote Palast und der restaurierte Weiße Palast gehören zu den wenigen alten Profanbauten auf der Route des »Goldenen Rings«. Sie fügen sich gut in das Ensemble des Kremls ein. Der alte Kremlausgang befindet sich unter der Christi-Auferstehungs-Kirche. Auf dem Kirchvorplatz versammelte sich früher die Wetsche, dort stehen auch die majestätische Himmelfahrts-Kathedrale und das berühmte Glockenhaus.

Neben dem Kreml steht die Erlöser-Kathedrale »auf dem Markt«. Hier wurden äußerst interessante Fresken vom Ende des 17. Jahrhunderts restauriert. Etwas weiter, schon in der Stadt, steht die Kirche des seligen Isidor aus der Zeit von Iwan dem Schrecklichen. Die sowjetischen Restauratoren haben diesem Gebäude sein ursprüngliches Aussehen zurückgegeben, das durch große Umbauten entstellt war.

Das sehr alte Abrahamskloster ist an einem Ort errichtet worden, an dem vormals ein Tempel stand, der dem slawischen Viehgott Weles geweiht war. Daneben stehen das etwas später entstandene Erlöser-Kloster mit einer weiteren »Jona«-Kirche und die Erlöser-Kirche »auf dem Sand«, die als einziges Gebäude eines von der Fürstin Maria gegründeten Klosters erhalten blieb. Fürstin Maria war die erste und wahrscheinlich auch die einzige Chronikschreiberin der Alten Rus. Sie war die Witwe des heldenhaften Rostower Fürsten Wassilko, der im Jahre 1238 von den Tataren getötet wurde. Aus ihrer Feder stammen auch Nekrologe auf russische Fürsten, die in den schweren Jahren der Tatarenherrschaft ums Leben kamen.

In die Annalen der russischen Geschichte haben auch andere bedeutende Frauen aus Rostow Eingang gefunden. Zu ihnen zählen die Fürstinnen Darja Rostowskaja und Antonina Pushbolskaja. In Männerkleidung und im Harnisch haben sie auf dem Kulikowo-Feld heldenmütig gegen die Tataren gekämpft. Eine ähnliche heroische Tat vollbrachte im 17. Jahrhundert Irina Lugowskaja, die Frau Mussin-Puschkins. Der Name der »gelehrten Bojarin« war sogar in London und in Amsterdam bekannt. Ausländer hielten es für eine Ehre, sie persönlich kennenzulernen. In ihren Jugendjahren wäre sie beinahe die Gemahlin des Zaren Alexej Michailowitsch geworden, aber die »niedere« Herkunft ihres Vaters war ein Hindernis. Man wollte sie mit einem alten Bojaren verheiraten, sie aber floh aus ihrem Elternhaus und schrieb ihrem Geliebten und zukünftigen Ehemann, Alexej Mussin-Puschkin: »Wenn du mich liebst, komm und rette mich!« Zusammen mit ihm, verkleidet als sein jüngerer Bruder, zog sie in den Krieg und nahm am Sturm von Smolensk teil. Nach nur wenigen Ehejahren wurde sie Witwe, ließ sich in Rostow nieder und half dem Metropoliten Jona Syssojewitsch beim Bau des Kremls. Sie schenkte den Baumeistern Jonas die holländische Piscator-Bibel, deren starker Einfluß in den Fresken der Rostower Kirchen spürbar ist. Sie sammelte alte Bücher und Chroniken. Bei ihrem Sohn Iwan hatte Irina Lugowskaja die Liebe zur russischen Geschichte geweckt. Der Sohn vervollständigte die Familienbibliothek, die Teil einer der reichsten Büchersammlungen seines Enkels Alexander wurde. Dieses Mitglied der für ihre Liebe zu Büchern berühmten Familie Mussin-Puschkin ist der bekannteste Nachkomme der bedeutenden Frau, die vor drei Jahrhunderten in Rostow Weliki lebte.

13 *Rostow. Der Kreml. 16.–17. Jh.* →

14 *Rostow. Blick auf den Kreml und den Kathedralenplatz* ⇒

15 *Rostow. Blick vom Wasserturm des Kremls* ⇛

16 *Rostow. Kreml. Glockenhaus. 1682–1687*

17 *Rostow. Kreml. Glockenhaus. 1682–1687*

18 *Rostow. Kreml. Kirche Gregors des Theologen. Um 1670 →*

19 *Rostow. Kreml. Kirche Johannes des Evangelisten. 1683.
Blick von der Verbindungsgalerie →*

20 *Rostow. Kreml. Kuppeln, Zeltdachtürme und Schornsteine. 2. Hälfte des 17. Jh.*

21 *Rostow. Kreml. Kirche Johannes des Evangelisten. 1683*

22 *Rostow. Kreml. Kirche Johannes des Evangelisten. 1683. Innenansicht →*

23 *Rostow. Kreml. Erlöser-Kirche »über der Vorhalle«. 1675. Innenansicht →*

ХЕРУ
ВИМЪ

ЗАВИСТЬ
ИНЕНАВИСТЬ

24 *Rostow. Kreml. Erlöser-Kirche »über der Vorhalle«. Freske. 1675*

25 *Rostow. Kreml. Auferstehungs-Torkirche. Freske. 1670*

26 *Rostow. Kreml. Wirtschaftsgebäude. Ende des 17. Jh.*

27 *Rostow. Kreml. Der Rote Palast. 1670–1680*

28 *Kirche Johannes des Evangelisten am Fluß Ischna bei Rostow. 1687–1689 →*

BORISSOGLEBSKIJE SLOBODY

Von Rostow nach Nordwesten, nach Uglitsch, und weiter zum Weißen See führt der Weg meist durch Wald. Vor sechshundert Jahren wurde dort, wo der Fluß Ustje eine starke Krümmung macht, ungefähr zwanzig Kilometer von Rostow entfernt, ein Kloster gegründet. Die Wände des Klosters bestanden aus Eichenstämmen. In den zwanziger Jahren des 16. Jahrhunderts ließ Wassili III. die Eichenholzwände durch steinerne Mauern ersetzen. Mit den Arbeiten wurde der erfahrene Rostower Baumeister Grigori Borissow beauftragt, der die Dreieinigkeits-Kathedrale des Daniel-Klosters in Pereslawl-Salesski, das Refektorium im Makarjew-Kloster, Kirchen und Refektorien im Dorf Spassokamennoje am Kubenskoje-See und in Kirillo-Belosersk sowie viele andere Bauten in der Rostower Metropolis errichtet hatte. Seine Baukunst war der schweren und unruhigen Zeit, in der er lebte, angepaßt. Er bevorzugte mächtige, glatte Mauern, die sparsam mit Ziegelfriesen und schmalen Pilastern geschmückt waren, spaltförmige Fenster und Schießscharten. Alle Bauten errichtete er aus Ziegeln, ohne Verwendung von Kalkstein. Die ornamentalen Elemente wurden ebenfalls aus Ziegeln angefertigt, die man in der Nähe der Baustelle brannte.

Die Mauern und Türme von Borissogleb wurden wahrscheinlich nicht auf einmal, sondern in mehreren Etappen gebaut. Ungefähr in der Mitte des 16. Jahrhunderts entstand auf einem Hügel im Kiefernwald eine große Festung von erstrangiger militärischer Bedeutung. Ihre Mauern sind dreieinhalb Meter breit und über dreizehn Meter hoch. Insgesamt zählen wir vierzehn Türme. Die Ecktürme sind rund und haben Aussichtsmöglichkeiten, während in den Seitenmauern viereckige Türme stehen. Der Abstand zwischen ihnen entspricht der Weite eines Bogenschusses. Im 16. Jahrhundert verwendete man noch Pfeil und Bogen. In den Mauern und Türmen sind Wehrgänge eingebaut, wo Hakenbüchsen standen, darüber befinden sich schräge Öffnungen zum Pechausgießen und Schießscharten.

In der Ummauerung befinden sich zwei Tore. Jedes Tor bestand offensichtlich aus vier schweren eisenbeschlagenen Eichenplatten (an den Wänden sind die massiven geschmiedeten Haken sichtbar). Am Südtor sind Spuren des Spaltes zu sehen, durch den das Fallgitter heruntergelassen wurde. Am Nord- und Südtor sind die Durchfahrten heute gerade, aber ursprünglich waren sie sicherlich gewunden, um dem Gegner das Eindringen in die Festung zu erschweren.

Der Fluß Ustje und ein tiefer Teich umgaben Borissogleb von drei Seiten. An der vierten Seite, im Süden, war wahrscheinlich der Festungsgraben, dessen Spuren bis heute sichtbar sind. Auf dem »Goldenen Ring« ist Borissogleb der älteste und mächtigste Wehrbau. Sogar dem Moskauer Kreml steht er kaum nach, obwohl seine Mauern nicht so lang sind (1040 m). In den Jahren des Bauernkrieges und der polnischen Intervention zu Beginn des 17. Jahrhunderts wurde die Festung nicht beschädigt. Die polnisch-litauischen Horden belagerten sie zwei Jahre lang, sie brannten die Borissoglebskije Slobody nieder, wie die Siedlung neben dem Kloster hieß, aber es gelang ihnen nicht, die Festung zu nehmen. Ihr Anführer Jan Sapieha hatte keine Belagerungsartillerie, und der Mißerfolg bei der Belagerung des Dreieinigkeits-Sergius-Klosters in Sagorsk, dessen Mauern im Vergleich mit Borissogleb halb so niedrig und schwächer waren, hatten die polnischen Schlachtschitzen vorsichtig werden lassen.

Gleichzeitig mit dem Bau der Mauer begann Grigori Borissow eine Kathedrale zu errichten, die den Heiligen Boris und Gleb[1] geweiht war. Diese 1524 fertiggestellte Kathedrale stand nicht wie gewöhnlich in der Mitte des Klosters, sondern etwas abseits, in der nordöstlichen Ecke der Umfriedung. Die militärische Notwendigkeit erforderte eine derartige Planung. Die Hauptkraft machte im 16. Jahrhundert die Kavallerie aus, und für Pferde und Kriegszelte waren große, freie Plätze notwendig.

Der strenge, kubische Baukörper der einkuppeligen Kathedrale ist an den Wänden durch schmale Lisenen gegliedert. Die drei Apsiden gehen fast ineinander über. Das ursprüngliche Dach über den Sakomaren wurde im 18. Jahrhundert durch ein Walmdach ersetzt. Zur selben Zeit setzte man auch den unschönen Tambour auf. An Stelle der helmförmigen Kuppel erschien eine verschnörkelte Bekrönung. Im vorigen Jahrhundert wurde am Westportal eine Kapelle angebaut, die auch nicht zur Verschönerung der strengen Formen des alten Gebäudes beitrug.

Im Innern sind die Wände mit Fresken bemalt. Die letzte wurde 1911 von Jegorow nach Motiven des berühmten russischen Malers Viktor Wasnezow ausgeführt. 1956 entdeckte der Architekt B.A. Ognew unter den Ölmalereien Teile der alten Fresken. Die Freilegung, Erforschung und Restauration dieser Fresken und die Entfernung der mißlungenen Anbauten bilden die nächste Aufgabe der Restauratoren.

Der berühmte Rostower Baumeister Grigori Borissow errichtete in Borissogleb viele Bauwerke. Seine beste Leistung ist die Sergius-Torkirche aus dem Jahr 1545. Darin fand er eine neue, originelle Lösung, die den Namen des Baumeisters auf immer mit der Rostower Architektur

---

[1]Die Fürsten Boris und Gleb waren Söhne des Kiewer Fürsten Wladimir Swjatoslawowitsch. Um 987–989 übertrug dieser die Herrschaft über zwei Städte auf seine jüngeren Söhne. Boris übte von dieser Zeit an die Macht in Rostow aus, während Gleb in Murom regierte. Im Bürgerkrieg, der 1015 nach dem Tode von Wladimir entflammte, wurden sie von ihrem älteren Bruder Swjatopolk umgebracht. Die russische Kirche hat sie 1071 heiliggesprochen.

des 16. und 17. Jahrhunderts verbindet. Der hohe fünfkuppelige kubische Baukörper über dem Heiligen Südtor ist rechts und links von einem massiven sechseckigen Turm flankiert, die den Eindruck erwecken, als ob zwei Recken in spitzen Helmen auf Wache stünden.

Die Vierpfeilerkirche mit zwei Fensterreihen wirkt einfach und majestätisch. Schmale, asymmetrisch angeordnete Lisenen schmücken die Wände in der typischen Manier Borissows. Die schmalen Fenster sind mit kleinen Wülsten und kielbogenförmigen Kokoschniks (Blend- oder Ziergiebel) umrahmt. Die Kuppeltrommeln sind mit Blendarkaden verziert. Die Apsis ist klein und kaum wahrnehmbar.

Im Innern des Klosters stehen noch sechs Bauten, die Borissow in der ersten Hälfte des 16. Jahrhunderts errichtete: die Mariä-Verkündigungs-Kirche aus dem Jahr 1526, das Refektorium, das Haus des Abtes, das Haus des Schatzmeisters, das Weihbrothaus und das Gebäude mit den Mönchszellen.

Die Mariä-Verkündigungs-Hauskirche ist mit dem Refektorium und den Privatgemächern des Abtes verbunden. Das Gebäude steht auf einem hohen Unterbau und hat eine niedrige, rechteckige Apsis. Das Haus des Abtes ist ein sehr seltenes Beispiel der Profanarchitektur des 16. Jahrhunderts; leider wurde es erheblich umgebaut.

Das Weihbrot- und das Schatzmeisterhaus sind kleine Bauten mit einfacher Architektur. Der Überlieferung nach befand sich im Weihbrothaus das Gefängnis, ein notwendiges Zubehör jedes Klosters und jeder Festung. Im Keller befindet sich ein tief in die Erde eingelassener Raum, der von vier böhmischen Gewölben überdeckt ist, die sich auf einen massiven Pfeiler stützen. Es blieb auch eine alte schmale Steintreppe erhalten, die heute nicht mehr benutzt wird, der Kellereingang befindet sich jetzt auf der anderen Seite.

Das Gebäude mit den Mönchszellen ist aus Stein und ruht auf einem Unterbau. Nach den Pilastern oder Lisenen zu urteilen (die genaue Unterscheidung ist wegen der vielen Umbauten schwierig), war der Unterbau das Erdgeschoß eines Wohnhauses, und darüber befand sich eine Etage aus Holz, wie es im 16. Jahrhundert und früher üblich war.

Das zweigeschossige Steingebäude, das sogenannte Gebäude des Abtes, ist zweifellos ein alter Wehrbau. An seiner Nordwand sind noch die runden Schießscharten für Geschütze sichtbar. Im unteren Teil der Westwand befinden sich Fenster, die unmittelbar auf die Festungsmauer hinausgehen. Es ist bekannt, daß das Kloster 1363 eine hölzerne Umfriedung erhielt. Später entstanden wahrscheinlich noch Steintürme. Als Reste eines solchen Turmes ist wohl das Abtgebäude zu betrachten.

In den sechziger Jahren des 17. Jahrhunderts übernahm der Metropolit Jona Syssojewitsch für den Bau seines Metropolitenhofes und des Kremls in Rostow einige architektonische Verfahren von Borissogleb.

Zur Zeit des Metropoliten Jona Syssojewitsch war die Borissoglebsker Festung bereits verfallen. Der Metropolit ließ sie von seinen Meistern restaurieren. Sie rissen den nordwestlichen Turm ab und errichteten einen neuen, der sich stark von der Architektur des ganzen Festungsensembles unterscheidet. Über dem nördlichen Wassertor entstand als Neubau die Mariä-Reinigungs-Kirche, die ihren Formen nach an die Christi-Auferstehungs-Kirche im Rostower Kreml erinnert. Und auch sie wird von zwei Türmen flankiert. So kehrte Grigori Borissows Erfindung nach Borissogleb zurück.

Die Baumeister des Metropoliten Jona bauten auch das Heilige Tor um. Sie verbanden die Türme durch eine dekorative Galerie mit einem Gürtel von viereckigen Vertiefungen. Auch die Bogensäulen erhielten einen solchen Dekor, und die fünf Bogenöffnungen wurden durch zehn hängende Bossen verziert.

Der Rostower Metropolit Jona entlehnte von der Sergius-Kirche ein weiteres konstruktives Detail, und zwar die Steinwand anstelle des hölzernen Ikonostas. Alle vier Kirchen Jonas im Rostower Kreml haben solche Wände.

Die alte Mariä-Verkündigungs-Kirche mit dem Refektorium wurde Ende des 17. Jahrhunderts ebenfalls umgebaut. Die westliche Stirnseite erhielt einen mit kleinen Blendgiebeln, bunten Kacheln und hängenden Bossen verzierten überdachten Vorbau.

Das zuletzt errichtete Gebäude ist die dreigeschossige Glockenwand aus dem Jahr 1680, in deren Erdgeschoß sich die Kirche Johannes des Täufers befindet. Als Bekrönung dienen drei kleine Kuppeln auf schlanken Trommeln. Die Architektur dieser Glockenwand ähnelt dem Rostower Glockenstuhl, wirkt aber noch leichter und eleganter. An der Glockenwand wurde in ähnlicher Weise wie bei der Mariä-Verkündigungs-Kirche ein überdachter, mit Kacheln und Bossen verzierter Eingang angebaut.

29 *Boris-und-Gleb-Kloster. Sergius-Torkirche. 1545*

30 *Boris-und-Gleb-Kloster. Mariä-Reinigungs-Torkirche. Um 1680*

31 *Boris-und-Gleb-Kloster. Sergius-Torkirche. Bögen der Portale des Heiligen Tores und der Galerie. 2. Hälfte des 17. Jh.*

32 *Blick auf das Boris-und-Gleb-Kloster*

33 *Boris-und-Gleb-Kloster. Westmauer mit Türmen. Mitte des 16. Jh. →*

NIKOLA-ULEIMA

Große Teile des Jaroslawler Landes sind voll stiller Anmut. Am schönsten ist wohl die Umgebung des Nikolaus-Klosters am Fluß Uleima, zwölf Kilometer von Uglitsch entfernt. Wenn man aus Rostow Weliki kommt, sieht man zu beiden Seiten des Weges goldene Felder und alte hohe Birken. Auf den Hügeln verstreut stehen Holzhäuser. Schilf säumt die Ufer des Flusses Uleima. Am Wasser befinden sich kleine hölzerne Badehäuser. Ihre Schwitzbänke werden stets aus Lindenholz angefertigt, das ein wunderbares Aroma ausströmt. Linden stehen auch auf dem kleinen grünen Hügel am anderen Flußufer. Durch das Laubwerk schimmern die verwitterten Mauern des Nikolaus-Klosters und die Kuppeln der Kirchen.

Die Linde ist ein langlebiger Baum, so daß möglicherweise die ältesten dieser Bäume stumme Zeugen der um die Klosterfestung entbrannten Kämpfe waren. Eine der blutigsten Episoden der polnischen Schlachtschitzen-Intervention unter Jan Sapieha ist eng mit der Geschichte des Klosters verbunden.

Das Kloster wurde im Jahr 1400 als Wachtturm am Wege nach Uglitsch gegründet. Man legte Festungsgräben an, schüttete einen kleinen Wall auf und errichtete eine Umfriedung aus Eichenholz. Eine besonders starke Festung war das Kloster also nicht. 1608 wollte Jan Sapieha das Kloster im Handstreich erobern. Aber ein paar Dutzend Strelitzen, Mönche und Bauern aus den Nachbardörfern, die sich hinter die Wände des Klosters zurückgezogen hatten, waren entschlossen, bis zum letzten Mann zu kämpfen. Sogar der alte Abt Warsonofi nahm den Säbel zur Hand, sich erinnernd, daß er irgendwann einmal im Kriegsheer gedient hatte, also ein alter Soldat war.

Einige Tage lang schlugen die Verteidiger die Angriffe des Feindes verbissen und hartnäckig zurück. Als die Polen dann in die brennende Festung eindrangen, verschanzten sich die Verteidiger in der Kathedrale. Sie wehrten sich mit Schwertern und Büchsen solange, bis die unterminierten und gesprengten Wände und Gewölbe einstürzten und die Verteidiger, ihre Frauen und Kinder unter den Ruinen begraben wurden. Augenzeugen berichteten, daß noch am folgenden Tag ihr Stöhnen zu hören war.

Im Jahr 1675 wurde die Nikolaus-Kathedrale wiederaufgebaut, wobei man die Fundamente und die erhalten gebliebenen Wände des alten Gebäudes nutzte. Die Mariä-Opferungs-Kirche, die während der Belagerung am wenigsten gelitten hatte, wurde zwanzig Jahre später vollkommen umgebaut. Die niedrige fünfkuppelige Kathedrale ist typisch für die Jaroslawler Architektur der zweiten Hälfte des 17. Jahrhunderts. An ihren Innenwänden entdeckte man unter den minderwertigen Ölmalereien alte Fresken, die demnächst freigelegt und in ihrer alten Schönheit wiederhergestellt werden sollen.

Die Mariä-Opferungs-Kirche ist interessanter als die Kathedrale. Auf einem hohen Unterbau erhebt sich ein formschönes Gebäude, dessen Außenwände durch Lisenen gegliedert sind. Unter dem Walmdach befinden sich die dekorativen Halbkreise der Sakomaren. Der schöne Tambour und die helmartige Kuppel entsprechen dem Stil des 18. Jahrhunderts. Der Altarraum der Kirche hat eine besondere zylindrische Form. Über dem an der Westseite angebauten Refektorium erhebt sich ein Glockenturm mit Bogenöffnungen an der Glockenstube, Lukarnen am achtflächigen Zeltdach und vertikalen Gurten. An der Nordseite der Kirche schließen sich die Wohngemächer mit dem Haupteingang an, der zwei Treppenaufgänge mit einhüftigen Bögen besitzt, das Geländer ist durch viereckige nischenartige Vertiefungen verziert. Sowohl bei der Nikolaus-Kathedrale als auch an der Mariä-Opferungs-Kirche läßt sich schwer sagen, wo das 16. Jahrhundert endet und das 17. Jahrhundert beginnt. Gegenwärtig werden diese Denkmäler erforscht und danach in ihrer alten Form wiederhergestellt.

Die Dreieinigkeits-Torkirche, die Anfang des 18. Jahrhunderts errichtet wurde, hat mehrere Umbauten erlebt. Gleichzeitig mit ihr entstand auch die Klosterumfriedung. Sogar dem unerfahrenen Beobachter fällt auf, daß bei ihrem Bau militärische Belange keine Rolle spielten. Ihre kleinen runden, viereckigen oder achtkantigen Kuppeln sind mit Pilastern, dekorativen Füllungen und bunten Kacheln geschmückt. Das alles zeugt vom guten Geschmack und vom Talent ihrer Erbauer. Sie haben es verstanden, zur Zeit Peters I. ein zweifelsohne archaisches Kloster zu errichten, das aber die Bewohner Jaroslawls gerade wegen seines »alten Aussehens« so lieb gewonnen haben und das mit der lieblichen mittelrussischen Landschaft, den launenhaft sich dahinschlängelnden Flüßchen, den weißen Birken und grünen Linden so gut harmoniert.

34 *Nikolaus-Kloster am Fluß Uleima. 16.–18. Jh. →*

UGLITSCH

Im Uglitscher Kreml befand sich der Hof der Zarin. Dort lebte die siebente Gemahlin Iwans des Schrecklichen, Maria Nagaja, die aus einem Uglitscher Bojarengeschlecht stammte, in ehrenhafter Verbannung. Am 15. Mai 1591 fand ihr Sohn Dmitri im Hofgarten des Kremls den Tod. Der Zarewitsch, ein kränklicher Junge, war der letzte Abkomme der Rurik-Dynastie. Ob er selbst in einem epileptischen Anfall in den Dolch gefallen ist oder ob ein gedungener Mörder ihn erstach, wird wohl auf immer unklar bleiben. Bekannt geworden ist nur, daß ein gewisser Kleschnin – der Volksmund nannte ihn den Hauptschuldigen des Mordes an Dmitri – von Boris Godunow reich belohnt wurde.

Zu Zeugen jener schreckensvollen Tage macht uns Alexander Puschkin in seinem Poem *Boris Godunow:*

»In einer Angelegenheit des Klosters
ward ich zu jener Zeit geschickt nach
Uglitsch. Nachts langt ich an. Am Tage
drauf, zur Zeit der Messe, hör' ich
deutlich Glockentöne . . . Man läutet Sturm.
Geschrei und wüster Lärm! Das Volk
eilt drängend zu der Zarin Schloßhof . . . «

An der Stelle, wo der Zarewitsch verblutete, wurde bald darauf eine Kapelle erbaut. 1630 errichtete man dort eine Holzkirche. 1692 wurde sie dann durch die jetzige rotweiße Steinkirche ersetzt, deren Architektur den Moskauer Kirchen aus der Mitte des 17. Jahrhunderts ähnelt. Sie hat fünf Kuppeln auf einem viereckigen Unterbau, dekorative Sakomaren, reich verzierte Gesimse, an den Ecken paarweise angeordnete kleine Säulen, prunkvolle Fensterumrahmungen, die wir auch an dem niedrigen Refektorium und an den halbrunden Apsiden sehen, und ein zeltförmiges Dach auf der achteckigen Glockenstube, die auf einem quadratischen Fundament ruht. Die späteren Anbauten, die überdachte Vorhalle und die nördliche Kapelle, sind nicht groß und entstellen die schöne Gebäudesilhouette nicht. In der Kirche ist jetzt ein Museum.

Die Kathedrale im Uglitscher Kreml entstand 1713. In Jaroslawl finden wir viele Kirchen, die dieser Kathedrale als Vorbild dienten. Das herausragende architektonische Merkmal der Kathedrale sind die harmonisch zusammengestellten fünf Kuppeln. Der 1730 angebaute Glokkenturm ist das höchste Gebäude des Kremls. Seine etwas archaische Form wird von drei nach oben kleiner werdenden Oktogonen gebildet. Diese Bauweise, den sogenannten Naryschkin-Stil, bevorzugten die Baumeister in Moskau und Umgebung in den letzten zwei Jahrzehnten des 17. Jahrhunderts.

Es ist erwähnenswert, daß 1730 in Uglitsch noch eine Kirche, nämlich die Korsunskaja-Kirche, mit dem gleichen »Moskauer« Glockenturm gebaut wurde. Das Sockelgeschoß der Kirche ist allerdings viereckig und trägt auf dünnen, hohen Trommeln typische Jaroslawler Kuppeln, deren nadelförmige Spitzen mit Kreuzen bekrönt sind.

Vom ehemaligen Hof der Zarin ist nur der Palast des Zarewitsch Dmitri erhalten. Dieses zweigeschossige, mit einem Doppelwalmdach gedeckte Gebäude ließ der Uglitscher Lehnsfürst Andrej Bolschoi im 15. Jahrhundert erbauen, der aufgrund einer Fehde mit seinem älteren Bruder, dem Großfürsten Iwan III., im Verlies unter dem Borowizki-Tor des Moskauer Kremls sein Leben beendete.

Der Palast des Zarewitsch ist das älteste und historisch wertvollste Bauwerk in Uglitsch. Das hohe Gebäude beeindruckt durch seine schlichten Formen. Die glatten Wände sind ungetüncht. Die Giebel sind mit Ornamenten aus Ziegelsteinen und Terrakotta – Zahnfriesen und Nischen mit kleinen Balustern – geschmückt. Dieser Dekor tritt aus der Wandfläche nicht heraus und erinnert etwas an die bestickten Kanten der russischen Handtücher. Bei der Restauration im vorigen Jahrhundert wurde das Dach mit Kupfer gedeckt, das aber im Laufe der Zeit nachgedunkelt ist und in der Farbe gut zu dem Gebäude paßt. Die Treppenaufgänge sind im pseudorussischen Stil gehalten und fügen sich schlecht in das Gesamtbild dieses schönen Gebäudes ein. Die architektonisch wertvollsten Bauwerke des alten Städtchens Uglitsch stehen außerhalb des Kremls.

Die prachtvolle Kirche Johannes des Täufers ist durch den russischen Maler Nikolai Roerich bekannt geworden. Sein berühmtes Gemälde zeigt eine mächtige Säule des Treppenvorbaus und einen Bogen mit der lakonischen Inschrift »Uglitsch«. Die Kirche – ihr vollständiger Name lautet Kirche der Geburt Johannes des Täufers – wurde 1689–1700 erbaut. Ihr Grundriß, die konstruktive Lösung und der Dekor lassen das übliche Schema erkennen: ein viereckiger Rumpf auf einem hohen Sockelgeschoß, fünf Kuppeln, mehrere Kapellen, ein Glockenturm mit Zeltdach, eine Treppe mit einhüftigen Bögen und ein überdachter Treppenvorbau mit bauchigen Säulen. Aber der unbekannte Baumeister fand die richtigen Proportionen und brachte mit viel Geschmack die traditionellen Kacheln und die Ziegelsteinverzierungen an. Die Kirche ist von allen Seiten, aus der Nähe oder aus der Ferne betrachtet, an sonnigen Tagen und bei trübem Wetter schön.

Das zweite hervorragende kulturhistorische Denkmal, das Auferstehungs-Kloster, steht ganz in der Nähe, auf der anderen Seite der Straße. Russische Baumeister begannen 1674 auf Anweisung des Metropoliten Jona Syssojewitsch mit seinem Bau. Das Klosterensemble ist zu einem Ganzen verbunden. Die Auferstehungs-Kathedrale, der Glockenturm, das Refektorium und die Kirche der Gottesmutter von Smolensk sind auf einer Linie angeordnet.

Die nicht sehr hohe, gedrungene Kathedrale steht auf dem üblichen Sockelgeschoß. Die überdachte Galerie, der hohe Treppenvorbau mit vier Säulen und die Bögen mit den hängenden Bossen sind für die Bauweise des Metropoliten Jona charakteristisch. Der Glockenturm ist fast der gleiche wie in Borissogleb. In der einkuppeligen Kirche der Gottesmutter von Smolensk ist der Altarraum durch eine Steinwand abgetrennt. Der kleine pavillonartige Glockenstuhl erinnert in seinem Baustil an den Rostower Kreml.

Von der Wolga her hat man einen wunderbaren Blick auf Uglitsch mit der Kirche Johannes des Täufers und der Auferstehungs-Kathedrale. In der Stadtmitte erhebt sich neben den später entstandenen, weniger interessanten Gebäuden die Kirche der Gottesmutter von Smolensk, deren Bau im Jahre 1700 abgeschlossen wurde und die völlig dem Baustil des 17. Jahrhunderts entspricht.

In der Stadt sind einige Beispiele der alten weltlichen Architektur erhalten geblieben. Dazu gehören die zweigeschossigen Häuser der Kalaschnikows (Anfang des 18. Jahrhunderts) und der Kaufmannsfamilie Owsjannikow (1760–1770), die dadurch interessant sind, daß sie die Bauweise der Gründungsjahre von St. Petersburg widerspiegeln. Ein weiteres Beispiel ist das Haus der Woronins, das früher im Besitz der Familie Mechow war. Es hat ebenfalls zwei Geschosse, ist aber aus Holz gebaut. In diesem Gebäude ist ein alter Kachelofen erhalten geblieben, der in seiner Art einzigartig ist.

Das älteste Kloster der Stadt ist das Alexius-Kloster, das 1371 von Alexius, dem Metropoliten ganz Rußlands gegründet wurde, der zugleich ein bedeutender Politiker des Moskauer Staates war. Anfang des 17. Jahrhunderts, in den Jahren der polnisch-litauischen Intervention wurde das Kloster niedergebrannt und völlig zerstört und in den zwanziger Jahren des 17. Jahrhunderts aus den Ruinen wiederaufgebaut. Eine Klosterkirche, die Kirche Johannes des Täufers, ist typisch für ihre Zeit und weist keine besonderen Merkmale auf. Die 1628 errichtete Mariä-Himmelfahrts-Kirche ist dagegen ein imposantes Gebäude. Sie hat geringe Ausmaße und schließt sich an das zweigeschossige Refektorium an, dessen Obergeschoß einen großen Einpfeilersaal aufnimmt. Die Kirche weist eine einfache Bauweise auf. Drei ineinander übergehende kubische Baukörper werden von kielbogenartigen Sakomaren abgeschlossen, darüber befinden sich drei Achtecke mit polygonalen Zeltdächern. Das mittlere ist von Kokoschniks (Ziergiebeln) umgeben und höher als die beiden Seitendächer. Vier Kuppeln ruhen auf schlanken Säulen. Die drei Apsiden haben als Abschluß einen gezackten Sims aus Mauerwerk und sind mit einer Reihe ungewöhnlicher Blendarkaden geschmückt, wobei jeder zweite Bogen mit kurzen Säulchen verziert ist, die den beliebten hängenden Bossen ähneln.

In den alten russischen Städten gab es immer einen bestimmten Platz oder ein Denkmal, die bei den Bewohnern besonders beliebt waren. In Nowgorod ist das zum Beispiel die Sophien-Kathedrale. Es ist der Ausspruch überliefert: »Wo die heilige Sophia ist, dort ist Nowgorod.« In Moskau nannte man den beliebtesten Ort »Krasnaja Ploschad«, d.h. »Schöner Platz« (deutsche Bezeichnung »Roter Platz«). Kiew und Wladimir schätzten vor allem ihr Goldenes Tor.

Viele Uglitscher Einwohner wissen wahrscheinlich nicht, daß die Kirche des alten Alexius-Klosters, deren drei spitze Zeltdächer von allen Stadtteilen aus sichtbar sind, Mariä-Himmelfahrts-Kirche heißt. Schon vor Jahrhunderten fand man für diese Kirche einen anderen Namen, der voller Zärtlichkeit und Bewunderung ist und sich bis heute erhalten hat. Man nannte sie »Diwnaja«, die »Wundervolle«.

Auch die Stadt selbst gehörte von jeher zu den beliebtesten Städten im alten Rußland. Es gibt viele Legenden über die in Ungnade gefallene Uglitscher Glocke, die am Tage der Ermordung des Zarewitsch Dmitri die Bevölkerung zur Rebellion aufrief und als Strafe dafür nach Sibirien verbannt wurde. Auch heute noch schreibt man Gedichte darüber.

35 *Uglitsch. Kreml. Dmitri-Kirche »auf dem Blute«. 1690–1692*

36 *Uglitsch. Kreml. Dmitri-Kirche »auf dem Blute«. Freske »Die Ermordung des Zarensohnes Dmitri«. 18. Jh.*

37 *Uglitsch. Kreml. Palast des Zarewitsch Dmitri. 1482*

38 *Uglitsch. Alexius-Kloster. 17. Jh.*

39 *Uglitsch. Kirche der Geburt Johannes des Täufers an der Wolga. 1689–1700 →*

TUTAJEW

Mehr als 700 Jahre alt ist die kleine Wolgastadt Tutajew, die früher Romanowo-Borissoglebsk hieß. Mitte des 13. Jahrhunderts erhielt der jüngere Sohn des Uglitscher Lehnsfürsten, Roman Wladimirowitsch, der Urenkel des Großfürsten Wsewolod »Großes Nest«, dieses Gebiet »zum Lebensunterhalt«. Das Zentrum dieses Gebietes war das Dorf Borissoglebsk am rechten Ufer der Wolga. Auf der gegenüberliegenden Seite ließ der junge Fürst auf den hohen zerklüfteten Ufern des Flusses eine befestigte Stadt erbauen. Er umgab sie mit einem Festungsgraben und einem Wall, die heute noch zu sehen sind. In der Nähe entstanden die Gutshöfe seiner Gefolgsleute. So wurde es dann Brauch, daß sich die Dienstleute des Fürsten in dem Städtchen Romanowo ansiedelten, während die Angehörigen der unteren Schichten, die Knechte, Fischer, Akkerbauern und Pelzmacher (die das berühmte Schafsfell gerbten) in Borissoglebsk wohnten. Später verschmolzen beide Siedlungen zur Landkreisstadt Romanowo-Borissoglebsk. 1921 wurde die Stadt zu Ehren eines Helden der Roten Armee in Tutajew umbenannt.

Die alten Städte verwundern uns immer irgendwie. So fragt man sich in Tutajew, warum unter den unansehnlichen Häusern des Borissoglebsker Stadtteils die große, luxuriös ausgestattete Auferstehungs-Kathedrale entstanden ist. Verständlich wäre es, wenn sie in Romanowo stünde, wo Jahrhunderte hindurch Fürsten und Adelige lebten. Aber diese Kathedrale bauten »der Landständeälteste Mikita Maloduschkin . . ., Sachar Kusmin . . ., Kornil und Matfej Fjodorow . . . und Bauern der Borissoglebsker Siedlung . . .«

Die Kathedrale wurde in den siebziger Jahren des 17. Jahrhunderts auf dem Fundament einer älteren Kirche (frühes 17. Jahrhundert) errichtet. Bogengalerien umgeben das Bauwerk von drei Seiten. Die überdachten Treppenvorbauten mit einhüftigen Bögen wurden seitlich angeordnet, als wollte der Baumeister sagen: »Wir machen es auf unsere Weise!« Und überraschenderweise erhielt die streng symmetrische Komposition des zentralen Baukörpers durch diese asymmetrische Lage der Treppenvorbauten noch größere Anziehungskraft.

Die Galerien, die Wände des viereckigen Baukörpers, die Apsiden und die Trommeln mit den für die Jaroslawler Architektur charakteristischen kugelartigen Kuppeln sind vollständig mit Ziegelsteindekor und Kacheln bedeckt. Nur in den Kirchen von Jaroslawl und Kostroma findet man ähnlichen Reichtum an Verzierungen.

Der niedrige Glockenturm mit Zeltdach fügt sich harmonisch ein, und das Stufentürmchen am Tor der Umfriedung fand sehr bald Nachahmungen. Fast ebensolche Türmchen erschienen in Jaroslawl, in den Bauensembles von Toltschkowo und der Korownikower Ansiedlung. Die Fresken an den Innenwänden der Kathedrale sind gut erhalten. Man kann sie stundenlang betrachten und die Kunstfertigkeit der unbekannten Jaroslawler Maler bewundern, die es vermochten, in den Bibelsujets ihren Schönheitssinn wiederzugeben und lebende Menschen darzustellen. Im *Turmbau zu Babel* wird nicht nur die Bestürzung der Bauleute gezeigt, die plötzlich einander nicht mehr verstehen, sondern auch die Bautechnik des 17. Jahrhunderts vor Augen geführt. *Das Jüngste Gericht* und *Höllenqualen* wurden durch Szenen von der Absolution der Sünder ausgeglichen, was ein Zeichen dafür ist, daß der Humanismus von alters her eine Charaktereigenschaft des russischen Volkes ist.

Am linken Ufer des Flusses stehen sechs Kirchen, von denen die Kreuzaufrichtungs-Kathedrale die älteste ist. Sie steht »am Wall«, dort, wo sich die alte befestigte Siedlung Romanowo befand. Weiter stromaufwärts stehen die Erlöser-Erzengel-Kirche und die Christi-Verklärungs-Kirche. Die letzte auf der linken Seite ist die Mariä-Schutz-Kirche. Sie sind alle im 17. und zu Beginn des 18. Jahrhunderts entstanden. Anspruchslos und bescheiden, versuchen sie nicht, mit der großartigen Auferstehungs-Kathedrale zu wetteifern. Sämtliche Kirchen haben Glockentürme mit Zeltdächern. Am interessantesten ist die Christi-Verklärungs-Kirche, die am Fuße eines steilen Hügels emporragt und deren mächtiger polygonaler Glockenturm etwas abseits von der Kirche auf einem bedeutend höheren Niveau steht.

Die sechs Gebäude längs der Wolga sehen wie fürstliche Wachttürme aus. Die Schluchten dazwischen sind mit dichtem Gras, Sträuchern, Ahornbäumen und Birken bewachsen, die in der Jaroslawler Gegend weißer als sonst in Nordrußland zu sein scheinen. In einem kleinen Tal fließt ein dünnes Bächlein, das aus einer reinen, kalten Quelle gespeist wird. Irgendwer hat sorgsam ein kleines Holzfaß ohne Boden an der Quelle angebracht. Viele der niedrigen Häuser verraten die Hand tüchtiger Erbauer. Überall herrscht Stille. Das »Herz« des Städtchens schlägt am anderen Ufer des Flusses, in Borissoglebsk.

40 *Tutajew. Auferstehungs-Kathedrale. Um 1670*

41 *Tutajew. Auferstehungs-Kathedrale. Freske »Der Turmbau zu Babel«. Ende des 17. Jh.*

JAROSLAWL

Die Stadt Jaroslawl an der Wolga ist fast tausend Jahre alt. Im Jahre 1010 gründete Jaroslaw der Weise im »Bärenwinkel«, an der Einmündung des Flusses Kotorosl in die Wolga, ein befestigtes Städtchen. Der Sage nach soll der Fürst an diesem Ort einen Bären mit der Streitaxt getötet haben.

Der Bär war das Totem der Urbewohner dieser Gegend und wurde später in das Wappen des Gouvernements aufgenommen. Eine Abbildung des Wappentieres grüßt uns auf der Autobahn, wenn wir die Stadtgrenze erreichen. Die Blütezeit Jaroslawls war das 17. Jahrhundert. Zu jener Zeit entstanden die architektonischen Ensembles, die Jaroslawl zu einer der schönsten Städte der Alten Rus machten, deren Kirchen reich mit Freskenmalereien und keramischem Dekor geschmückt waren.

Ein wunderbares Panorama erschließt sich uns gleich bei der Einfahrt in die Stadt, wenn wir aus Moskau kommen. Weiß schimmern die Mauern und Türme des Erlöser-Klosters, die Kuppeln seiner Kathedrale aus dem 16. Jahrhundert erstrahlen in goldenem Licht. Der Anblick der aus dem 17. Jahrhundert stammenden Epiphanias-Kirche, deren farbige Kacheln wie Edelsteine funkeln, bleibt unvergeßlich.

Aus dem 16. Jahrhundert haben sich im Kloster außerdem der umgebaute Glockenturm, das Heilige Tor mit dem Uhrenturm und das Refektoriumsgebäude erhalten, wo früher festliche Empfänge stattfanden. Im 17. Jahrhundert wurden die Mauern und Türme errichtet, ihnen folgten die Dekangemächer und das Gebäude mit den Mönchszellen.

Neben dem Kloster sehen wir eine Reihe wunderbarer Kirchen. An der Uferstraße des Flusses Kotorosl, dort, wo einst die Paläste der Fürsten standen, erhebt sich die monumentale Erzengel-Michaels-Kirche. Sie markiert die Grenze zwischen dem Kreml und dem Marktplatz, der »beim Wall, hinter dem Geröll« begann. Dort errichteten die Vorstadtbewohner die Erlöser-Kirche. Die Freskomalereien in dieser Kirche sind durch die Mannigfaltigkeit der historischen Sujets interessant.

Höher am Ufer steht die Nikolaus-Rubleny-Kirche, genannt nach dem Stadtteil »Rubleny Gorod«[1], die einfach ist und fast keinen Dekor aufweist. Aber ihre Proportionen und Fassaden sind gut abgestimmt, und ihr spitzes Glockentürmchen erhebt sich leicht in die Lüfte.

Ein wenig weiter sehen wir noch eine Nikolaus-Kirche. In Jaroslawl gibt es etwa zehn Kirchen, die dem hl. Nikolaus, dem Schutzheiligen des Handels, gewidmet sind, und das ist nicht verwunderlich, da der größte Teil der Stadtbevölkerung vom Handel und vom Fluß lebte. Die Kirche entstand 1622, also früher als alle oben erwähnten Kirchen.

---

[1]»Rubleny« heißt im Altrussischen einfach, aus glatten runden Holzbalken zusammengezimmert.

Sie wurde von dem reichen Kaufmann Nadej Sweteschnikow gestiftet, dessen Handelsagenten von Pskow bis Jakutsk, von Astrachan bis Mangaseja reisten. Nach ihm nannte man das Bauwerk Nadejskaja-Kirche. Der Grundriß und die Komposition dieser Kirche dienten als Vorbild für viele spätere Bauwerke. Im Innern der Kirche können wir die vortrefflichen Fresken des berühmten Kostromaer Malers Ljubim Agejew und seiner Gehilfen bewundern.

Die benachbarte Christi-Geburts-Kirche hat denselben viereckigen Baukörper (Gewölbe mit vier Pfeilern), ebenfalls zwei Kapellen und eine Galerie. Die Kaufmannsfamilie Gurjew, nach der auch eine Stadt am Kaspischen Meer benannt ist, ließ sie erbauen. Die Gurjews trieben Handel mit Buchara, und beim Betrachten des Interieurs läßt sich mit einiger Phantasie sagen, daß sie die Sonne von Samarkand, das Smaragdgrün und den hellen Türkis seiner Minarette auf die Wände der Christi-Geburts-Kirche im nördlichen Wolgagebiet übertragen haben.

Die Hauptkirche der Stadt, die dem Propheten Elias geweiht ist, steht im Stadtzentrum auf einem Platz, von dem aus alle Straßen strahlenförmig auseinanderlaufen. Prächtig sind ihre mit Kacheln verzierten Fassaden. Die Innenwände und Gewölbe stellen eine Schatzkammer altrussischer Malerei dar. Sie wurden von den berühmten Kostromaer Künstlern Guri Nikitin und Sila Sawin bemalt. Fünfzig Jahre später schmückte der Jaroslawler Meister Semjonow die Vorhalle mit Fresken. Dreihundert Jahre haben der wunderbaren Malerei, einer Kostbarkeit der alten Stadt, keinen Schaden zugefügt.

Aber in Jaroslawl gibt es noch andere Schätze. Im Nordteil der Stadt, zwischen eingefallenen Zäunen und Gestrüpp erheben sich die Nikolaus-Mokry-Kirche und die Winterkirche der Gottesmutter von Tichwin. Die polygonalen Zeltdächer ihrer Vorhallen, die Gesimse, Fensterrahmungen und Wandflächen sind in einer solchen Fülle mit farbiger Keramik geschmückt, die sogar für Jaroslawl erstaunlich ist. Die Stadt hat noch andere Sehenswürdigkeiten von gleicher Schönheit.

Morgens und abends zeichnen sich am klaren Horizont die Silhouetten einer Gruppe von alten Gebäuden ab: zwei Kirchen, eine Mauer mit Tor und ein Glockenturm. Das ist das bekannte Ensemble in der Korowniki-Vorstadt, das 1654 gebaut und Ende des 17. Jahrhunderts in den farbenprächtigen Schmuck gekleidet wurde, der dem Außendekor der Nikolaus-Mokry-Kirche nicht nachsteht.

Hinter dem Fluß Kotorosl sind noch einige Vorstadtkirchen zu sehen, darunter die berühmte Kirche Johannes des Täufers in Toltschkowo. Von weitem scheint sie dreikuppelig zu sein, aber aus der Nähe zählt man mit Verwunderung fünfzehn Kuppeln auf hohen schlanken Trommeln. Reich ist der Dekor des Bauwerkes, der aus einer seltenen Kombination von figürlichem Mauerwerk, Terrakotta, glasierten Kacheln und Malerei besteht. Überall sieht man Ornamente – an den Fenstern, Fensterläden, Türen und Giebeln der Treppenvorbauten.

Auf dem Tugowaja-Hügel, linker Hand des Dorfes Toltschkowo, steht über den Massengräbern der im Kampf mit den Tataren umgekommenen Jaroslawler Einwohner die einkuppelige Paraskewa-Pjatniza-Kirche. Rechts davon schimmert weiß die fünfkuppelige Fjodorowskaja-Kirche mit ihrer wunderbaren Silhouette. Dahinter steht die Nikolaus-Penski-Kirche, und in der Ferne sind die Umrisse der Nikolaus-Kirche in Melenki mit ihren großen schuppenartig gedeckten Kuppeln zu erkennen. Und fast in jeder Kirche sind Fresken an den Wänden.

Auch in der Mariä-Opferungs-Kathedrale, die auf dem Gelände des im 14. Jahrhundert gegründeten Tolgski-Klosters steht, gibt es viele Fresken. Die Kathedrale wurde aber erst im 17. Jahrhundert erbaut, ebenso wie der riesige Glockenturm, das Refektorium und das Krankenhaus. Von den älteren Klosterbauten ist nichts erhalten geblieben.

Die Klöster der Alten Rus waren nicht nur Festungen und Schatzkammern. Wir finden dort auch Krankenhäuser, Altersheime, Heime für Findelkinder und Schulen (andere Schulen gab es damals nicht). Die Ereignisse der Zeit wurden von Mönchen festgehalten. Die in den Archiven der Klöster aufbewahrten alten Chroniken ermöglichen es, die alte Geschichte Rußlands zurückzuverfolgen.

Ende des 18. Jahrhunderts brachte man dem bekannten Moskauer Archäologen A. J. Mussin-Puschkin einen Berg staubiger, verschimmelter Bücher und Pergamente. Als er einige Zeilen einer Manuskriptrolle aus dem 16. Jahrhundert entzifferte, erkannte Mussin-Puschkin, daß die Kopie einer uralten Sage vor ihm lag, deren Sprache schon der Abschreiber aus der Zeit Iwans des Schrecklichen schlecht verstanden und auf seine Weise umgeändert hatte. »Bojan aber, oh Brüder, hat nicht zehn Falken auf Schwanenschwärme losgelassen, aber seine weissagenden Finger auf klingende Saiten niedergelegt; und diese brausten dem Fürsten von selbst den Ruhm . . . «Das Manuskript stellte sich als *Das Lied von der Heerfahrt Igors*[1] heraus.

---

[1]Ein nach 1187 von einem unbekannten Verfasser geschaffenes Heldenepos, das als bedeutendstes Denkmal der altrussischen Literatur gilt und von weltliterarischem Rang ist. Das *Igorlied*, das ein farbiges Bild vom Leben der Feudalgesellschaft im Rußland des 11. und 12. Jahrhunderts gibt, beschreibt in epischer Breite den mißglückten Feldzug des Fürsten Igor Swjatoslawowitsch gegen die Polowzer im Jahr 1185. Der Dichter brandmarkte die Zwietracht der Fürsten und fordert die Vereinigung der zersplitterten russischen Fürstentümer als Voraussetzung für einen erfolgreichen Kampf gegen die Feinde.

Die Stadt, die Rußland dieses wertvolle Denkmal der altrussischen Literatur geschenkt hat, wird zusehends größer. Aber das alte Stadtzentrum von Jaroslawl bleibt bewahrt. Die neuen Wohnviertel werden so gebaut, daß sie den Anblick der historischen und kulturellen Denkmäler nicht versperren.

42 *Jaroslawl. Blick auf das Erlöser-Kloster und auf die Epiphanias-Kirche →*

43 *Jaroslawl. Paraskewa-Pjatniza-Kirche auf dem Tugowaja-Hügel. 1692 >*

44 *Jaroslawl. Erlöser-Kloster. Gebäude mit den Mönchszellen. Um 1670*

45 *Jaroslawl. Nikolaus-Mokry-Kirche. Kacheldekor des Kapellenzeltes. Um 1690*

46 *Jaroslawl. Epiphanias-Kirche. Südfassade. 1684–1693*

47 *Jaroslawl. Epiphanias-Kirche. 1684–1693. Kacheldekor*

48 *Jaroslawl. Prophet-Elias-Kirche. 1647–1650 →*

49 *Jaroslawl. Prophet-Elias-Kirche. Freske. 1680–1681 ⇒*

50 *Jaroslawl. Kirche Johannes des Täufers in Toltschkowo. 1671–1687 ⇛*

51 *Jaroslawl. Kirche Johannes des Täufers in Toltschkowo. 1671–1687. Kacheldekor*

52 *Jaroslawl. Kirche Johannes des Täufers in Toltschkowo. 1671–1687. Heiliges Tor*

53 *Jaroslawl. Nikolaus-Rubleny-Kirche. 1695*

54 *Jaroslawl. Johannes-Chrysostomos-Kirche in Korowniki. 1649–1654*

55 *Jaroslawl. Gebäudekomplex in Korowniki. 17. Jh. →*

KOSTROMA

Blauer Himmel über silbern glänzenden Wellen, ein kleines vergoldetes Schiffchen, dessen Segel im frischen Wind flattern ... Dieses Bild schmückt das Stadtwappen von Kostroma.

In alten Zeiten nannte man die Stadt »Flachshauptstadt des Nordens«, weil Kostroma Westeuropa mit dem besten Segeltuch der Welt belieferte.

Zwischen Kostroma und dem Westen bestand ein lebhafter Handelsverkehr. Der Überlieferung nach fanden die Handelsagenten des Kaufmanns Kirill Issakow einmal in einer Farbenlieferung, die als Tauschware für Leinen aus England geschickt wurde, ein Fäßchen mit Goldmünzen. Man benachrichtigte London und bekam zur Antwort, daß dieses Gold »zu gottgefälligen Zwecken« verwendet werden möge. Mit diesen Mitteln ließ Issakow 1652 unweit seines Wolgahafens am Stadtrand die wunderbare Auferstehungs-Kirche »im Walde« errichten.

Diese poetische Legende hat einen bestimmten Hintergrund: der Farbstoff Indigo wurde zu jener Zeit tatsächlich mit Gold aufgewogen. Und diese Sage könnte auch die Erklärung dafür sein, warum sich an dem mit drei Zeltdächern geschmückten Eingangstor in der Kirchenumfriedung neben den Darstellungen mythischer Vögel Basreliefs des heraldischen Löwen und des Einhorns aus dem englischen Königswappen befinden.

Die Auferstehungs-Kirche »im Walde« ist nicht nur das schönste alte Bauwerk in Kostroma, sondern auch eines der besten Beispiele der russischen Architektur des 17. Jahrhunderts. Die Komposition des auf einem hohen Sockelgeschoß ruhenden Bauwerkes ist ziemlich konventionell, im Grundriß und den Baukörpern aber vortrefflich gelöst. Die Grundlage bildet ein viereckiger Vierpfeilerbau mit fünf Kuppeln über einem flachen Walmdach. An drei Seiten verläuft eine überdachte Galerie. An ihrem nordwestlichen Ende befindet sich die Dreiheiligen-Kapelle mit einem dreiflächigen Dach und einer kleinen Kuppel. Auf die Galerie führen drei zierliche Außentreppen mit Zeltdächern und hängenden Bossen in den Bögen.

Das Gebäude besitzt reichen und geschmackvollen Dekor. An den Wänden sind paarweise zierliche Halbsäulchen angeordnet, die reich verzierten Rahmungen der großen hellen Fenster sind mit kleinen Blendgiebeln bekrönt. Unterhalb der dekorativen Sakomaren verläuft ein breites dekoratives Gesims. Alle Wände sind rustikaartig bemalt.

Das Interieur dieses Gotteshauses steht den Kathedralen im Moskauer Kreml nicht nach. Die Wände und Gewölbe sind mit wunderschönen Fresken bedeckt, die größtenteils freigelegt und restauriert wurden; in der Kirche gibt es außerdem Ikonen aus dem 15. bis 17. Jahrhundert. Die aus weißem Kalkstein bestehenden und mit Schnitzwerk verzierten Portale der Hauptkirche erfreuen das Auge. Der mit erlesenem Schnitzwerk versehene Ikonostas in der Dreiheiligen-Kapelle der Kirche ist wahrhaftig ein Juwel.

Das älteste Gebäude der Stadt ist die Kathedrale im ehemaligen Epiphanias-Kloster aus dem Jahre 1565. In ihrer architektonischen Gestaltung ist der Moskauer Einfluß unverkennbar.

In dem einzigen aus dem 17. Jahrhundert erhalten gebliebenen Wohngebäude befanden sich früher die Klosterzellen. Das Gebäude ist nur wenig durch spätere Anbauten entstellt. Von der Mauer blieb nur ein Turm übrig, der später in einen Glockenturm verwandelt wurde.

In der Stadt gibt es noch drei imposante Kirchen aus dem 17. Jahrhundert. Zwei von ihnen stehen am anderen Ufer der Wolga, die Christi-Verklärungs-Kirche (1685), die nach dem Vorbild der Auferstehungs-Kirche »im Walde« reichen Außendekor aufweist und innen mit Freskenmalereien versehen ist, und die Elias-Kirche »in Gorodistsche« (1683–1685), die an einem Ort steht, wo sich früher eine Merjanenansiedlung befand. Sie besitzt fast kein Schmuckwerk, ist aber sehr proportional und steht an einer günstigen Stelle, auf dem höchsten Punkt des rechten Wolgaufers. Von dort aus bietet sich eine schöne Aussicht auf die Umgebung von Kostroma.

Das dritte Gotteshaus, die Kirche Johannes des Theologen, steht unweit des Ipatjew-Klosters und stammt aus dem Jahr 1687. Die Struktur dieser Kirche ist typisch für die damalige Epoche: ein hoher Baukörper mit quadratischem Grundriß und ein niedriges Refektorium, das als Winterkirche diente. An das Refektorium schließt sich der Glockenturm in Form eines Torturmes an. Sein erstes Geschoß ist als Halle mit nach drei Seiten offenen Portalen konstruiert. Darüber befindet sich ein Oktogon mit der Glockenstube und Bogenöffnungen. Das hohe, sehr spitz zulaufende Zeltdach ist an den Kanten verziert. Die in vier Reihen im Dach angeordneten runden und viereckigen Lukarnen sind in der altrussischen Architektur nicht oft anzutreffen.

Interessant ist die Kirchenumfriedung. Sie besteht aus Steinpfeilern und Eisengittern, deren Stäbe oben in »Feuerzungen« enden. Das Gitter wurde in den Jahren 1765–1766 von Kostromaer Schmiedemeistern ausgeführt.

Die vielen alten Ikonen im Ikonostas der Kirche verdienen die größte Aufmerksamkeit, ebenso die Freskomalereien, eine der letzten Arbeiten, die der Kostromaer Künstler Fjodor Loginow zusammen mit seinen Söhnen und Gehilfen ausführte. Das Datum der Fertigstellung, 1735, und die Namen der Künstler sind an der Nordwand des Gotteshauses verzeichnet.

Der Stolz von Kostroma ist das Freilichtmuseum im Ipatjew-Kloster, mit dem fast alle bedeutenden Ereignisse in der Geschichte der Stadt verbunden sind. In den Archiven des Klosters wurde äußerst wertvolles historisch-literarisches Material, die Ipatjewer Chronik, gefunden, die aus dem frühen 15. Jahrhundert stammt und auf die südrussische Chronik vom Ende des 13. Jahrhunderts zurückgeht.

Die Gründung des Klosters erfolgte im 14. Jahrhundert durch die Familie Sernow, die reiche Großgrundbesitzer und Vorfahren der Godunows waren. Im Sockelgeschoß der Klosterkathedrale befand sich die Familiengruft der Godunows, in der seinerzeit mehr als fünfzig Grabsteine standen.

Iwan der Schreckliche baute die Steinmauer mit den Türmen und schuf damit eine für das 16. Jahrhundert starke Festungsanlage. Verwandte von Boris Godunow ließen die Dreieinigkeits-Kathedrale errichten. Sie machten reiche Geschenke, darunter etwa hundert Ikonen und der größte Teil davon mit Goldbeschlägen. Nachdem Boris Godunow Zar geworden war, tat er alles, um das Ipatjew-Kloster zu einem der reichsten im Lande zu machen.

Während der turbulenten Jahre Anfang des 17. Jahrhunderts wurde die Festungsmauer des Klosters von Pulverrauch geschwärzt und der Boden mit Blut getränkt. Zweimal drangen die polnischen Interventen in das Kloster ein, und polnische Kriegsfahnen wehten auf seinen Türmen. Das Kloster wurde Zeuge des Verrats der Galitscher und Kostromaer Bojaren und des unbeugsamen Muts der einfachen Stadtbevölkerung. Sechs Monate dauerte die Belagerung der Festung durch die Banden des zweiten Falschen Demetrius, aber letzten Endes wurden alle Feinde vernichtet.

Aus dem Ipatjew-Kloster traf zu Beginn des 17. Jahrhunderts ein schüchterner junger Mann mit blassem Gesicht in Moskau ein, um den Zarenthron zu besteigen; es war Michail Romanow, der erste aus dem Hause Romanow, und man hatte ihn erwählt, »nicht weil er der Beste, sondern weil er der Bequemste war«. Er war ebenso wie die Godunows ein Kostromaer Großgrundbesitzer.

Im Winter des Jahres 1649, in tiefster Friedenszeit, wurden die Bewohner Kostromas durch einen fürchterlichen Knall aufgeschreckt. Das Pulver, das im Sockelgeschoß der Dreieinigkeits-Kathedrale gelagert war, explodierte. Das Gebäude wurde schnell wiederhergestellt und hat sein ursprüngliches Aussehen bewahrt. Auch die von der Explosion verschont gebliebenen alten Kupfertüren mit ihren Goldzeichnungen sind heute noch in der Kathedrale zu sehen. Großen Kunstwert hat der fünfreihige geschnitzte Ikonostas der Kathedrale, ihr schönster Schmuck aber sind die Fresken, die wie ein farbenprächtiger Teppich alle Wände, Säulen und Gewölbe bedecken. »Diese Kirche wurde im Sommer des Jahres 7194 (1686) mit Fresken bemalt«, berichtet die Kirchenchronik. Die Arbeiten führte der berühmte Maler Guri Nikitin mit seinen hervorragenden Gehilfen aus.

Im Kloster gibt es viele interessante alte Bauwerke, von denen der Bischofspalast (1588), die Dekangemächer (ebenfalls 16. Jahrhundert) und das Refektorium (1640) besonders hervorzuheben sind.

Neben der Kathedrale gehört der riesige fünfgeschossige Glockenturm zu den wertvollsten Baukunstdenkmälern des 16. Jahrhunderts. Dmitri Godunow, ein Verwandter des Zaren Boris Godunow, ließ ihn errichten, aber vieles wurde später angebaut. Von der obersten Plattform bietet sich ein herrlicher Blick auf die Stadt, ihre Umgebung und das erste Freilichtmuseum für Holzbaukunst in der Sowjetunion.

Im Museum wurden viele alte Holzbauwerke zusammengetragen. Hier findet man eine alte Blockkirche aus dem Dorf Spass-Weshi, die zum Schutz vor dem Frühlingshochwasser auf hohen Eichenpfählen steht, vier ebenfalls »hochbeinige« Badehäuschen, eine weitere Holzkirche, die Mühle »in einer Hütte«, wohl die letzte ihrer Art in Rußland, und die vierhundertjährige Muttergottes-Kirche (1552) aus dem Dorf Cholm. Hier steht auch ein einfaches Bauernhaus aus der Umgebung der Stadt Kologriw. In einem solchen Haus könnten Konstantin Mesenzew und Nikolai Kostygin, die Helden während der Belagerung des Ipatjew-Klosters im Jahr 1609, gewohnt haben. Sie opferten ihr Leben, um die Mauer zu unterminieren und eine Bresche in sie zu schlagen, damit die russischen Krieger eindringen konnten.

Vom Glockenturm aus kann man auch das Denkmal ihres berühmten Landsmannes Iwan Sussanin[1] sehen. Es erhebt sich über die Wolga als Symbol für Mut, Tapferkeit und Patriotismus.

Heute ist Kostroma nahezu die einzige russische Stadt, in der das im 18. und frühen 19. Jahrhundert entstandene architektonische Ensemble der Innenstadt in seiner ursprünglichen Form erhalten geblieben ist und damit seine Eigenart bewahrt hat.

In den siebziger Jahren des 18. Jahrhunderts wurden in den russischen Städten Planungsänderungen in großem Maßstab durchgeführt. Man hat dafür etwa vierhundert Generalpläne aufgestellt. Der Plan für Kostroma wurde 1784 sanktioniert und fast völlig verwirklicht. Ein im Jahr 1773 ausgebrochener Großbrand, der fast alle Holzbauten zerstörte – und außer den Kirchen gab es keinerlei Steingebäude –, erleichterte

---

[1]Iwan Sussanin (?–1613), Held des Befreiungskampfes des russischen Volkes Anfang des 17. Jahrhunderts, ein Bauer aus dem Landkreis Kostroma. Im Winter des Jahres 1613 führte Sussanin eine Abteilung polnischer Interventen in undurchdringliche Waldsümpfe, wofür er von den Eindringlingen zu Tode gequält wurde. Die Heldentat dieses russischen Bauern preist der russische Komponist Michail Glinka in seiner Oper *Iwan Sussanin*.

das Umbauprojekt. Der Wiederaufbau der Stadt konnte praktisch auf einer leeren Fläche beginnen.

Der römische Architekt Vitruv, der im 1. Jahrhundert v.u.Z. lebte, schrieb in seinem Werk »Zehn Bücher über Architektur«, daß eine am Meer oder am Ufer eines großen Flusses stehende Stadt auch dort beginnen müsse. In Kostroma befolgten die Architekten diesen Rat. Der zentrale, hufeisenförmige Platz der Stadt ist zur Wolga hin geöffnet und alle Straßen gehen fächerförmig von ihm aus. Die Gebäude wurden in jenen Jahren nach Plänen gebaut, die bereits mit Erfolg in der Praxis erprobt worden waren. Zuerst entstanden die Eckzonen, um das Schema der neuen Straßen zu bestimmen. Die große Zahl unregelmäßiger Bauabschnitte erforderte die Änderung der meisten dieser zwar erprobten, aber einheitlich aufgestellten Pläne. Kostroma gewann dabei nur, denn viele Wohnhäuser wurden nach individuellen Lösungen gebaut, gewannen dadurch an Ausdruckskraft und Originalität und blieben bis heute als wertvolle Baudenkmäler erhalten.

Auf dem Hauptplatz am Wolgaufer entstanden Handelsreihen. Der Bau der Schönen Reihen und der Mehlhändlerreihen begann im Jahr 1789 nach dem Entwurf und unter der Aufsicht des örtlichen Architekten S. A. Worotilow. Die Schönen Reihen, die ein Viereck bilden (122 x 163 m), handelten mit Stoffen, Schuhen und Galanteriewaren. Entlang den Reihen verläuft eine überdachte Galerie mit hohen Bögen auf mächtigen Pylonen. In der Mitte der Hauptfassade befindet sich ein dreieckiger Portikus mit ebensolchen Bögen. An der Hofseite war ebenfalls eine Galerie, von der aber nur einige Bögen erhalten blieben. Die Mehlhändlerreihen handelten mit Mehl, Getreide, Viehfutter und dem traditionellen Kostromaer Flachs. Diese Reihen nahmen eine Fläche von 110 x 160 Meter ein. In der Architektur und Gestaltung gleichen sie den Schönen Reihen, nur sind ihre Pylone unten etwas breiter. Später kamen weitere zehn Reihen hinzu, die mit Backwaren, Fischen, Butter, Tabak und anderen Produkten handelten. Man baute sie in der Nachbarschaft auf demselben Gelände oder auch in den Höfen der bereits bestehenden Gebäude, wie zum Beispiel die Milchreihe, die sich auf dem Platz der Schönen Reihen befand.

An den Außenseiten des hufeisenförmigen Platzes wurden zu Beginn des vorigen Jahrhunderts prachtvolle Gebäude errichtet, die diesen Platz in ein herrliches Bauensemble verwandelten.

Vor allem ist das imposante achtsäulige Haus des Generals Borstschow, eines Teilnehmers am Vaterländischen Krieg von 1812, zu erwähnen. Es ist das größte Wohnhaus, das jemals von Privatpersonen in Kostroma erbaut wurde. Etwas abseits davon steht ein ausgesprochenes Zweckgebäude, der Feuerwachtturm, der auch heute noch benutzt wird. Der Turm ist ein Meisterwerk der Architektur, besonders beeindrukkend ist der zentrale kubische Baukörper mit dem korinthischen Portikus auf einem hohen Stylobat und dem oktogonalen Wachtturm, der mit weißem Kalkstein verkleidet ist. Die Gesamthöhe des Feuerwachtturms beträgt fünfunddreißig Meter. Seine schlanke Vertikale hebt sich gegen die niedrigen Handelsreihen besonders eindrucksvoll ab.

Zwischen dem Haus des Generals Borstschow und der Feuerwache ist ein kleines Gebäude zu sehen, das jetzt als Bibliothek dient. Früher, seit 1797, befand sich hier das Holzhaus der Hauptwache. Später baute der Architekt P. J. Fursow, der auch den Feuerwachtturm entworfen hatte, eine neue Hauptwache aus Stein. Trotz der geringen Abmessungen überrascht das Gebäude durch seine stattlichen Konturen, Proportionalität und meisterhaft ausgeführten Details. Es bildet die Zierde des Platzes und der ganzen Stadt und ist eines der schönsten Denkmäler des russischen Klassizismus.

56 *Kostroma. Ipatjew-Kloster. 16.–19. Jh.* →

57 *Kostroma. Ipatjew-Kloster. Westmauer mit Ecktürmen und dem zentralen Grünen Turm. 1642–1643* ⇒

58 *Kostroma. Ipatjew-Kloster. Muttergottes-Kirche aus dem Dorfe Cholm. 1552* ⇒

59 *Kostroma. Ipatjew-Kloster. Palast der Bojaren Romanow. 16.–19. Jh.*

60 *Kostroma. Ipatjew-Kloster. Dreieinigkeits-Kathedrale. 1650–1652*

61, 62 *Kostroma. Ipatjew-Kloster. Dreieinigkeits-Kathedrale. Bildfelder des Südtores. Gold auf Kupfer. 16. Jh.*

63 *Kostroma. Ipatjew-Kloster. Dreieinigkeits-Kathedrale. Freske. 1685 →*

64 *Kostroma. Auferstehungs-Kirche »im Walde«. Freske. Achtziger Jahre des 17. Jh. →*

65 *Kostroma. Auferstehungs-Kirche »im Walde«. Westportal. 1652*

66 *Kostroma. Auferstehungs-Kirche »im Walde«. Heiliges Tor. 1652*

67 *Kostroma. Hauptplatz. 18.–19. Jh. →*

Все резервы производства — в действие!

KRASNOJE AN DER WOLGA

Kostroma und die Dörfer seiner Umgebung waren im Moskauer Staat durch ihre Juweliere berühmt, die Schmuckgegenstände aus Gold und Silber herstellten. Ihre Werkstätten befanden sich in dem Dorf Krasnoje an der Wolga, das den Fürsten Wjasemski und vor ihnen der Bojarenfamilie Godunow gehörte.

Die Godunows hatten keine adligen Vorfahren. Allem Anschein nach stammten sie von reich gewordenen Bauern ab. Die Godunows waren für ihren Unternehmungsgeist und ihre wirtschaftliche Veranlagung bekannt. Auf ihren zahlreichen Gütern arbeiteten Handwerker aller Art, darunter auch Juweliere, und es ist möglich, daß die traditionelle, von Generation zu Generation weitervererbte Kunst des Gold- und Silberschmiedens, die die heutigen Dorfbewohner noch meisterhaft beherrschen, aus den Zeiten der Godunows stammt.

Das Dorf Krasnoje muß ziemlich viele Einwohner gehabt haben, sonst hätten die geschäftstüchtigen Grundbesitzer wohl kaum eine so große Kirche bauen lassen.

Die Zeltdachkirchen kamen in Rußland im ersten Drittel des 16. Jahrhunderts auf. Nur wenige sind erhalten geblieben, aber jede von ihnen ist ein wertvolles Denkmal der Vergangenheit. Die schönste, jedoch nicht die älteste, steht im Dorf Kolomenskoje. Alten Aufzeichnungen zufolge soll die Epiphanias-Kirche in Krasnoje eine Nachbildung der Kirche in Kolomenskoje sein.

In einigen Details ähnelt die Kirche in Krasnoje dem zentralen Teil der Basilius-Kathedrale in Moskau, während der gesamte Baustil an die Christi-Verklärungs-Kirche in Bolschije Wjasemy bei Moskau erinnert. Sie hat den gleichen mit Bogen versehenen Unterbau, die gleiche Außengalerie und ebenfalls einen kubischen Baukörper mit zwei kleinen Kapellen, über denen mehrere Reihen von Kokoschniks (Ziergiebeln) angebracht sind. Das Zeltdach über dem Achteck, das auf dem Viereck ruht, ähnelt der Bekrönung der Christi-Geburts-Kirche im Dorf Bessedy am Moskwa-Fluß.

Da sowohl Krasnoje an der Wolga wie auch Bolschije Wjasemy und Bessedy zum Grundbesitz der Godunows gehörten, ist es sehr wahrscheinlich, daß alle drei Kirchen von ein und demselben Meister entworfen wurden. Wie dem auch sei, so kann doch mit Sicherheit angenommen werden: die Epiphanias-Kirche hat zweifellos ein sehr begabter »Meister des Steinhandwerks«, wie man im 16. Jahrhundert die Architekten in Rußland nannte, erbaut.

In Krasnoje an der Wolga stellte der Baumeister auf das breite, niedrige Viereck ein sich nach oben verjüngendes Achteck, das er mit zwei Reihen dekorativer Sakomaren schmückte. Darüber folgt eine Reihe kleiner Kokoschniks. Am Fuße des Zeltdaches sind je sechs kleine Kokoschniks zu Dreiecken zusammengestellt. Das hohe Bauwerk wird von einer schlanken, niedrigen Trommel mit schmalen Fenstern und einer helmförmigen Kuppel bekrönt.

Die Kapellen scheinen von einem anderen Baumeister zu stammen, oder sie wurden bei der Rekonstruktion im 17. Jahrhundert geändert, als man eine zweite Bogenreihe baute und die vormals offene Galerie überdachte. Während dieses Umbaus wurde auch der Glockenturm errichtet, und obwohl die Baumeister sich sehr bemühten, den Turm mit dem Hauptgebäude in Einklang zu bringen, ist ihnen dieses Vorhaben nicht ganz gelungen. Aber wenn der Glockenturm das alte Gotteshaus auch nicht verschönerte, so hat er es auch nicht entstellt.

Es wird allgemein anerkannt, daß die Zeltdachkirche eine steinerne Nachbildung der nordrussischen Holzkirche ist. Aber es gibt in ihren spitzen Silhouetten etwas Gemeinsames mit den protestantischen Kirchen Westeuropas. Dies scheint einer der Gründe gewesen zu sein, warum der Patriarch Nikon im 17. Jahrhundert den Bau von Zeltdachkirchen untersagte. An ihrer Stelle wurden Mitte des 17. Jahrhunderts die »heiligen fünf Kuppeln« vorgeschrieben und folgende theologische Deutung gegeben: Die kleinen Kuppeln symbolisieren die vier Evangelisten, und zwischen ihnen »thront der Allmächtige«.

68 *Krasnoje an der Wolga. Epiphanias-Kirche. 1592 →*

69 *Krasnoje an der Wolga. Epiphanias-Kirche. Detail der Ikone »Erzengel Michael« aus der Deesis-Reihe. Ende des 16. Jh. (Museum der bildenden Künste, Kostroma) →*

PLJOS

Wunderschön sind die Wolgaufer in der Nähe des Städtchens Pljos, das eine lange Geschichte hat. Hier, auf den steilen Sandabhängen, lag die Merjanensiedlung Tschuwil.

Der Sohn von Dmitri Donskoi, Wassili I., gründete 1410 an diesem Ort die Festung Pljosso. Er ließ die Schlucht um die Festung vertiefen und die Flußufer noch steiler machen. Erdwälle wurden aufgeschüttet und eine Umfriedung mit Türmen aus Eichenstämmen gezimmert. Wachsamkeit war geboten, denn die Grenze zum feindlichen Kasaner Khanat war nahe. Von den Wachttürmen der neuen Festung hatte man einen ungehinderten Ausblick in die Umgebung, da die Festung am »Pljos« stand, wie an der Wolga der gerade Flußabschnitt zwischen zwei Biegungen genannt wird.

Die Festung bildete die erste Verteidigungslinie bei feindlichen Angriffen. Das Surren der schwarzen Tatarenpfeile hallte so manches Mal in den Festungsmauern wider, die des öfteren in Flammen aufgingen. Die Verteidiger der Festung, Moskauer Strelitzen und standhafte Bürger, fochten bis zum letzten Mann und fielen im ungleichen Kampf. Aber jedesmal, wenn sich der Feind zurückzog, nahmen die Kostromaer Zimmerleute die Axt zur Hand, um den Schaden zu beheben, und die Stadt erstand immer wieder aus der Asche.

Flöße mit russischen Kriegern fuhren am Pljos vorbei auf ihrem Weg nach Kasan und Astrachan. Im 16. Jahrhundert säuberten sie das ganze Gebiet längs der Wolga von den tatarisch-mongolischen Eindringlingen und trugen damit zur Festigung des russischen Staates bei.

Danach überfielen die Reiter des polnischen Adeligen Lisowski die Stadt, alles plündernd, was ihnen in den Weg kam. Als die Regimenter von Minin und Posharski[1] zur Zeit des Frühlingshochwassers aus Nishni Nowgorod (heute Gorki) anrückten, fertigten die Einwohner von Pljos Flöße an, um die Männer des russischen Landsturms auf das andere Flußufer überzusetzen. Dort begann der unaufhaltsame Vormarsch der Russen über Jaroslawl nach Moskau, zum endgültigen Sieg.

Vor dreihundert Jahren hatte der Moskauer Staat seine Grenzen weit nach Osten und Westen ausgedehnt. Die ehemalige Festung verwandelte sich damit in eine stille kleine Provinzstadt.

Ein anderes erhalten gebliebenes Gebäude ist die auf einem steilen Abhang stehende Auferstehungs-Kirche aus dem 18. Jahrhundert. Der kubische Baukörper mit einer doppelten Fensterreihe und einer polygonalen Apsis wird von fünf Kuppeln bekrönt. Im 19. Jahrhundert kamen

---

[1]Organisatoren und Führer des Volkslandsturmes zur Zeit der polnischen und schwedischen Intervention Anfang des 17. Jahrhunderts. Einige der populärsten Nationalhelden des russischen Volkes.

ein Refektorium, ein Glockenturm und Säulenportiken hinzu. Aber alle diese späteren Anbauten haben das harmonische Aussehen der Kirche nicht entstellt.

Eine zweite Kirche aus dem 18. Jahrhundert wurde ebenfalls im vorigen Jahrhundert umgebaut, leider jedoch recht unglücklich. Daneben steht noch eine Kirche, die im klassischen Stil erbaut ist. Sie ist halb verfallen. Dem russischen Empirestil entsprechend besteht sie aus Holz mit Verputz, der den Stein imitieren sollte, und ein solcher Bau ist natürlich nicht so langlebig wie Steinbauten. Aber die Proportionen der Kirche und einige erhalten gebliebenen Konstruktions- und Dekordetails verraten die Hand eines talentierten Baumeisters. Was er geschaffen hat, ist auch in halbverfallenem Zustand noch schön.

Es ist schwer, die bezaubernde Landschaft am Pljos zu beschreiben, sie verändert sich mit jeder Wegbiegung entlang des Wolgaufers. Der berühmte russische Landschaftsmaler Lewitan hat hier sein herrliches Gemälde *Goldenes Pljos. Abendstimmung* gemalt. Anton Tschechow sagte darüber zu dem Künstler: »In deinen Bildern ist ein stilles Lächeln erschienen.«

70 *Pljos. Blick auf die Wolga →*

SUSDAL

Ein schneeweißer Jagdfalke mit goldener Krone auf dem Kopfe, das stolze Symbol der fürstlichen Macht, ist das Wappen der alten Stadt Susdal, der Hauptstadt des ersten Rostow-Susdaler Lehnsfürsten Juri Dolgoruki.

Seit dem Altertum war Salessje wegen seiner Jagdvögel berühmt. Das kommt natürlich im Stadtwappen zum Ausdruck, auf dem wir »Finist, den schönen Falken« aus dem russischen Märchen erkennen. An dessen wundervollen Palast erinnert man sich unwillkürlich auf dem Weg von Wladimir, wenn man den Poklonnaja-Berg erreicht hat. Vom Bergrücken aus bietet sich plötzlich inmitten grenzenloser Felder eine traumhaft schöne Gesamtansicht von Susdal, wie eine gezackte Krone wirken die vielen Glockentürme, Zeltdächer und Kuppeln.

Reiseführer empfehlen, bei der Besichtigung einer Museumsstadt mit ihren ältesten Denkmälern zu beginnen. In Susdal wird dieser Rat schwerlich zu befolgen sein. Beim Anblick des Zeltdachs der anmutigen Kosmas-und-Damjan-Kirche, die über der kleinen Bucht des Flusses Kamenka emporragt und an einem Ort steht, wo früher ein heidnischer Tempel war, vergißt man sofort Zeit und Raum. Das kleine Kirchlein ist ein »Gedicht in Stein«.

Ein Gang durch die wenigen Straßen von Susdal erfordert Gelassenheit und Aufmerksamkeit. Ohne Hast sollte man durch die ganze Stadt gehen und dann eine Weile am steilen Ufer des Flusses Kamenka verharren. Nur so prägt sich einem die bezaubernde Schönheit für immer ins Gedächtnis ein. In Erinnerung bleiben die orangeroten Mauern des Euthymios-Klosters, das wie mit weißem Schaum bedeckte Mariä-Schutz-Kloster, die reich verzierten Tore des Mariä-Gewandniederlegungs-Klosters, die erlesene Kirchenarchitektur und die für Susdal charakteristische konkave Silhouette der Glockentürme.

Nach der Eroberung Kiews durch Litauen wurde Susdal zum religiösen Zentrum des mittelalterlichen Rußlands. Viele alte Klöster befanden sich dort; Susdal weckte Erinnerungen an die russischen Fürsten Boris und Gleb, Alexander Newski, Dmitri Posharski und an die in Ungnade gefallenen Zarinnen Solomonia Saburowa und Jewdokija Lopuchina, die in Klosterzellen eingekerkert waren.

Die Großfürsten und Zaren erweiterten die Klöster durch viele prachtvolle Bauten. In der Vorstadt errichteten die Susdaler Bürger Gotteshäuser. Es ist erstaunlich, wie viele Kirchen in einer so kleinen Stadt Platz gefunden haben. Die Vorstadtkirchen sind oft paarweise angeordnet. Neben der meist prunkvoll ausgestatteten Sommerkirche mit hohen Gewölben steht eine kleinere, bescheidenere Kirche für den Winter. Beide Kirchen besaßen keine Heizung, doch ein winziges Öfchen im Altar der Winterkirche, ihr niedriges Gewölbe, die Kerzenflammen und die Lampaden schienen sie zu erwärmen.

Gleich bei der Einfahrt in die Stadt erkennen wir auf der rechten Seite die Kirche der Gottesmutter des Zeichens mit einem dreireihigen Fries an den Wänden. Daneben ragen der Glockenturm und die Mariä-Gewandniederlegungs-Kirche empor. Etwas weiter ist die Lazarus-Kirche (1667) zu sehen, die zu den ältesten der von den Stadtbürgern erbauten Vorstadtkirchen zählt. Im Zentrum, auf dem Marktplatz, erheben sich die Auferstehungs-Kirche, die Hauptkirche der Stadt, mit einem schönen achteckigen Glockenturm und farbigen Kacheln in quadratischen Vertiefungen und dahinter die bescheidenere Kirche der Gottesmutter von Kasan. Links steht die Kirche des Einzugs Christi in Jerusalem, die ohne ihre fünf Kuppeln jetzt der neben ihr errichteten Pjatniza-Kirche ähnelt. Rechts prunkt die Kaiser-Konstantin-Kirche mit ihren Zahnfriesen, Blendgiebeln und dekorativen Fensterrahmungen auf den glatten Wandflächen. Die mit plastischem Dekor geschmückten Trommeln tragen fünf zierliche Barockkuppeln. Ihr »Partner« ist die Kirche der schmerzensreichen Gottesmutter. Bemerkenswert an dieser einfachen Kirche ist der Glockenturm, der mit roten und grünen Majolikaperlen prächtig verziert ist.

Manche Kirchen haben ihren »Partner« verloren, wie zum Beispiel die elegante Kirche der Gottesmutter von Smolensk, die an der nördlichen Stadtgrenze neben dem Nikita-Pustoswjat-Haus des 17. Jahrhunderts steht. Eine Reihe anderer Kirchen, wie z.B. die Kirche Johannes des Täufers im Stadtzentrum, hatte nie ein Gebäude für den Winter. Die einfache und strenge Architektur dieser Kirche erinnert an den Baustil von Pskow und Nowgorod. Der achteckige Baukörper ruht auf einem kubischen Unterbau, und das Zeltdach wird von zwei mächtigen Pfeilern getragen. Dieselbe Bauweise zeigt auch die Kirche im Dorf Pojarkowo bei Moskau, so daß an deren Errichtung möglicherweise Susdaler Baumeister beteiligt waren.

Zwei Kirchen, die Mariä-Himmelfahrts-Kirche im Kreml und die Boris-und-Gleb-Kirche am anderen Flußufer außerhalb der Stadt, repräsentieren zweifellos die Architekturschule Moskaus. Ihre Details, die typisch für den »Naryschkinbarock« sind, lassen die Technik Jakow Buchwostows, des besten Moskauer Baumeisters zu Ende des 17. Jahrhunderts, erkennen.

Das heute seichte Flüßchen Kamenka war seinerzeit ein wichtiger Handelsweg. Neben der Hauptanlegestelle, in der südwestlichen Ecke des Kremls, stand nach altem Brauch eine Holzkirche zu Ehren des heiligen Nikolaus. Sie fiel einem Brand zum Opfer, und an der gleichen Stelle entstand 1720 wieder eine Nikolaus-Kirche, die zu den schönsten und typischen Susdaler Gotteshäusern gehört. Von den ursprünglichen fünf Kuppeln ist nur noch eine vorhanden, aber auch dadurch hat die Kirche nicht an Reiz und Anmut verloren. Die hinter ihr stehende kleine Christi-Geburts-Winterkirche bemerkt man kaum. Sie verblaßt im Vergleich mit der Nikolaus-Kirche, obwohl ihre architektonischen Details ziemlich interessant sind.

In der Stadt gibt es fünf Klöster. Das Alexander- und das Basilius-Kloster befinden sich in einem schlechten Zustand. Das erstere wurde der Legende nach im 13. Jahrhundert von Alexander Newski gegründet und hieß früher die Große Lawra. Die von Natalia Naryschkina, der Mutter Peter I., gestiftete majestätische Christi-Himmelfahrtskirche steht noch, ebenfalls der hohe Glockenturm, der dem Glockenturm der Auferstehungs-Kathedrale »auf dem Markt« ähnelt.

In dem am Stadtrand auf dem Wege nach Kidekscha gelegenen Basilius-Kloster sind nur Teile der im 17. Jahrhundert errichteten Umfriedung, eine kleine Kathedrale und das Refektorium der Mariä-Reinigungs-Kirche aus derselben Zeit erhalten geblieben.

Der Eingang zu dem Mariä-Gewandniederlegungs-Kloster führt durch das berühmte Heilige Tor, das von zwei Zeltdächern bekrönt wird. Dieses Tor entwarfen die Baumeister Iwan Mamin, Andrej Schmakow und Iwan Grjasnow, die ständig zusammenarbeiteten. Diese talentierten Architekten hatten es verstanden, die Vielfalt und den Reichtum des Dekors mit einer ungewöhnlich klaren und ausdrucksvollen Silhouette zu verbinden.

Innerhalb der Klosterumfriedung steht eine Kathedrale aus dem Anfang des 16. Jahrhunderts, deren Wände durch glatte Lisenen gegliedert sind. Sie hat schmale Fensteröffnungen ohne Rahmungen, kielbogenförmige Sakomare und darunter einen Fries aus fünfeckigen Vertiefungen. Spitze Doppelnischen umgürten die Trommeln. Nur drei Kuppeln bekrönen die Kirche. Die obligatorischen »heiligen fünf Kuppeln« erschienen erst wesentlich später. Die Anzahl der Kuppeln richtete sich offenbar nicht nur nach dem jeweiligen Geschmack. Wir sind nicht sehr bewandert in den theologischen Feinheiten, die unseren Vorfahren vor vierhundertfünfzig Jahren ohne weiteres verständlich waren. Wir wissen auch wenig über die Beziehungen des mittelalterlichen Susdal zu anderen Ländern. Möglicherweise sind die spitzbogigen Nischen und die Minaretten ähnelnden Trommeln auf den Einfluß orientalischer Baukunst zurückzuführen.

Das Erlöser-Euthymios-Kloster, das größte in Susdal, liegt am östlichen Stadtrand. Es ist sechshundert Jahre alt, aber die grandiose, über einen Kilometer lange Steinmauer mit den zwanzig symmetrisch angeordneten Türmen ist nur halb so alt.

Der massive Torturm über dem Haupteingang zum Kloster ist so hoch, daß den Pilgern »die Mützen vom Kopf fielen«, wenn sie zu seiner Zwiebelkuppel hinaufblickten. Das Tor dagegen ist niedrig und der Durchgang unter dem Turm düster. Ein kleiner Hof schließt sich an, von dem ein sehr niedriger Durchgang zu der Mariä-Verkündigungs-Torkirche (Anfang 17. Jahrhundert) führt. Und schließlich erhebt sich die große, gedrungene Kathedrale, die innen und außen mit Fresken bemalt ist und von zwiebelförmigen Kuppeln bekrönt wird. Seitlich ist, wie bei der Basilius-Kathedrale in Moskau, eine kleine Kirche angebaut; sie steht über dem Grabmal des Abtes Euthymios, nach dem das Kloster benannt wurde. Neben der Kathedrale steht eine geräumige Glockenwand mit einer Kirche »unter den Glocken«. Das Datum ihrer Erbauung läßt darauf schließen, daß sie aus Anlaß der Geburt des ersten und einzigen Sohnes von Wassili III., des künftigen Zaren Iwan des Schrecklichen, gebaut wurde. Sie ist dem Schutzheiligen Iwans, Johannes dem Täufer, gewidmet.

Die Koimesis-Refektoriumskirche ist fünf Jahre älter als die berühmte Christi-Himmelfahrts-Kirche im Dorf Kolomenskoje, das jetzt zum Stadtgebiet Moskaus gehört. Sie gilt als die erste steinerne Zeltdachkirche in Rußland.

Das Kloster erlangte zweifelhaften Ruhm. Schon Katharina II. benutzte es als Staatsgefängnis. Darin schmachteten die Anhänger Pugatschows, dort starb der Dekabrist F. Schachowski. Bis zur Oktoberrevolution war das Susdaler Kirchengefängnis, wie das Kloster genannt wurde, dem Justizministerium nicht unterstellt. Schon sein Name allein rief Angst und Schrecken hervor. Einen widerspenstigen Geistlichen konnte man leicht als »Ketzer« erklären und nach Susdal bringen, damit er seine Sünden bereute.

Nach der bedrückenden Atmosphäre des Erlöser-Euthymios-Klosters ist es angenehm, ans Flußufer hinauszutreten und das Panorama des Mariä-Schutz-Klosters zu genießen. Es steht auf den Marschwiesen des Flusses Kamenka und ist in seiner ganzen Schönheit, fast wie aus der Vogelperspektive, zu sehen. Die Mauern sind niedrig, die Türme haben durchaus kein kriegerisches Aussehen. In dichtem Grün schimmern weiße Bauwerke, dazwischen sind einfache Blockhäuser. Hier herrscht der Eindruck von Verspieltheit und poetischer Stille. Es ist schwer zu glauben, daß in diesen Gebäuden ebenfalls Menschen eingekerkert waren, – das Kloster diente als Frauengefängnis.

Den größten Teil der Klostergebäude ließ Wassili III., der Vater Iwans des Schrecklichen, im ersten Drittel des 16. Jahrhunderts erbauen. Wassili drängte auf eine Trennung von seiner Gemahlin Solomonia Saburowa, da sie ihm keine Kinder gebären konnte. Anderthalb Jahrzehnte zog sich der Scheidungsprozeß hin. 1525 zwang man sie, den Schleier zu nehmen, und verbannte sie in das Mariä-Schutz-Kloster.

Mausoleumsartige Strenge liegt über der schönen, dreikuppeligen Kathedrale des Mariä-Schutz-Klosters. Im Innern verstärkt sich dieser Eindruck noch. Die weißgetünchten Wände weisen keinerlei Bemalung auf, der Fußboden ist mit schwarzen Keramikplatten ausgelegt. In den Wänden befinden sich kleine Nischen, dort lagen die Rosenkränze und wattierte kleine Teppiche mit einer Schlaufe für die linke Hand. Die Nonnen benutzten sie, wenn sie Kniefälle taten und in ihren vergeblichen Klagen über ihr schreckliches Los und die Grausamkeit der Menschen mit der Stirn auf den Boden schlugen.

Im Sockelgeschoß der Kathedrale befindet sich das Grab der in Ungnade gefallenen Zarin Solomonia (als Nonne Schwester Sophia). Daneben fand man vor kurzem einen kleinen Sarg, in dem eine Stoffpuppe lag. Laut Überlieferung hat Solomonia im Kloster einen Sohn geboren und ihn aus Angst um sein Leben treuen Freunden übergeben. Sie erklärte dann, das Kind sei gestorben, und inszenierte eine Scheinbestattung ihres Sohnes.

Im Mariä-Schutz-Kloster war auch die erste Gemahlin Peters I., Jewdokija Lopuchina, eingekerkert. Die Hinrichtung ihres Sohnes und Thronfolgers Alexej und die grausame Abrechnung mit dessen Anhängern, die der ehemaligen Zarin nahestanden, gehören zu den traurigen Ereignissen in der Geschichte Susdals. Die Namen der Märtyrer dieser Epoche sind in der Peter-und-Pauls-Kathedrale an der Klostermauer verewigt, und in der benachbarten Winterkirche steht ein Altar zu Ehren des Zarewitsch Alexej.

Interessante Gebäude dieses Klosters sind die kleine Mariä-Verkündigungs-Kirche über dem Heiligen Tor, die an eine geschnitzte Schatulle erinnert, und die ebenfalls kleine Refektoriumskirche der unbefleckten Empfängnis, deren Uhrenturm eine für Steinbauten ungewöhnliche Konstruktion aufweist: Auf dem kubischen Unterbau ruhen zwei sich nach oben verjüngende Sechsecke anstelle des Achtecks.

Vom Mariä-Schutz-Kloster aus folgen wir dem kleinen Wiesenpfad längs des nördlichen Ufers der Kamenka, vorbei an der auf niedrigen Hügeln stehenden Kirche der Gottesmutter von Tichwin und der Elias-Kirche und erfreuen uns am Anblick des Glockentürmchens der Christi-Geburts-Winterkirche und an den eleganten Formen der daneben stehenden Epiphanias-Kirche.

Am anderen Kamenka-Ufer erstreckt sich das Freilichtmuseum der russischen Holzbaukunst, das mit dem in Kostroma vergleichbar ist. Hier stehen mit Axt und Meißel gezimmerte und mit Espenholzschindeln gedeckte Bauernkirchen. Sie sind Zeugen der ehemaligen Schönheit der allmählich verschwindenden Holzbauten der Alten Rus. Die Christi-Verklärungs-Kirche und die Nikolaus-Kirche wurden erst vor kurzem aus entlegenen Orten des Susdaler Gebiets hierher gebracht. Neben ihnen steht ein einfaches Wladimirer Bauernhaus. Eine weitere Nikolaus-Kirche, die aus dem Dorf Glotowo stammt, steht hinter dem hohen Wall des Kremls, der schon seit langem selbst ein Freilichtmuseum ist.

Innerhalb der Kremlmauern steht die Mariä-Geburts-Kathedrale, die im 11. Jahrhundert von Wladimir Monomach errichtet wurde. Sein Urenkel Georgi Wsewolodowitsch riß das baufällig gewordene Gotteshaus ab und erbaute 1225 ein neues aus Kalkstein.

Zweihundertzwanzig Jahre später brach der obere Teil der Kathedrale zusammen. 1530 wurde sie wiederaufgebaut, und in dieser Form bildet sie jetzt, nach der kürzlich vorgenommenen Restauration und Entfernung der späteren unschönen Anbauten, ein Denkmal der Baukunst zweier Jahrhunderte, des dreizehnten und des sechzehnten. Aus dem ersten Bauabschnitt ist relativ viel erhalten geblieben: der untere Teil der Wände aus grob behauenem porösem Tuffstein, dekorative Kalksteindetails, wie zum Beispiel ein Band aus kleinen Säulen und in die Wand eingelassene Bögen sowie merkwürdige, orientalisch anmutende weibliche Masken, die wir später noch in dem Städtchen Bogoljubowo antreffen werden.

An den Innenwänden der Kathedrale sind Fragmente von Fresken aus dem 13. Jahrhundert erhalten, und zwar in den oberen Teilen der südlichen Apsis und in den Arkosolien. Vor kurzem wurden auch alte Fresken an den Pfeilern vor dem Altar freigelegt. Diese Wandmalereien zeugen vom großen Können der altrussischen Künstler.

Ende des 17. Jahrhunderts wurde der mit vergoldetem Silber beschlagene glatte, einfache, aber majestätische Ikonostas errichtet. Die Ikonen malte der Hofmaler Grigori Sinowjew.

Die Hauptsehenswürdigkeit der Kathedrale sind die Goldenen Türen des Süd- und Westportals. Die riesigen Türen mit Goldmalereien auf dem mattschwarzen Grund der Kupferplatten gehören zu den wertvollsten Schätzen der mittelalterlichen russischen Kunst. Die Bildfelder zeigen Märchentiere, Szenen aus dem Evangelium und Alltagsszenen. So ist zum Beispiel dargestellt, wie ein Engel den Menschen im Umgang mit der Holzschaufel unterweist.

Unser Bild von Susdal wäre nicht vollständig, wenn wir die alten weltlichen Bauten dieser Stadt vergäßen. Aus dem 17. Jahrhundert datiert ein Steinhaus (Leninstraße 134), das in seiner ursprünglichen Form erhalten blieb. Der Überlieferung nach wird es mit dem Namen des Susdaler Geistlichen Nikita Pustoswjat (Dobrynin) verbunden. Der Geistliche war ein erbitterter Gegner der Reformen des Patriarchen Nikon, welcher als unversöhnlichster Führer der Raskolniki 1682 auf dem Roten Platz in Moskau hingerichtet wurde.

Das Steinhaus besteht aus einem zweigeschossigen Teil, in dem die gewölbte Decke des Sockelbaus erhalten blieb, und einem eingeschossigen Anbau. In der Planung und Konstruktion entspricht es den typischen alten hölzernen Stadthäusern Susdals, die sich nur wenig von den Bauernhäusern unterschieden. Nikita Pustoswjats Haus ist ein überaus wertvolles Denkmal, da gut erhaltene Profanbauten aus dem 17. Jahrhundert auf der Route des »Goldenen Rings« und überhaupt in Rußland nur ganz selten anzutreffen sind.

In der Stadt gibt es viele Häuser aus dem 18. Jahrhundert, die aber größtenteils umgebaut wurden. Sie bedürfen umfangreicher Restaurationsarbeiten, um eine würdige Ergänzung der Museumsstadt zu bilden.

Die Stadtführungen durch Susdal enden gewöhnlich in Kidekscha. Dort befindet sich das älteste Bauensemble Susdals, das besonders bei Sonnenuntergang einen nachhaltigen Eindruck hinterläßt.

Der Gründer Moskaus, Fürst Juri Dolgoruki, der vierte Sohn von Wladimir Monomach, erhielt das von Kiew weit entlegene Fürstentum als Lehen, und bevor er Herr über ganz Rußland wurde, lebte er in Kidekscha bei Susdal, das damals noch keine Stadt war, sondern lediglich aus einer Reihe von Ansiedlungen an der Kamenka bestand. Der Fürst wählte diese Stelle für den Bau einer Stadtfestung, weil man von dort aus den Handelsverkehr (besonders Getreidetransporte) auf den Flüssen Kamenka und Nerl, die Susdal mit den anderen Orten des Gebietes verbanden, gut kontrollieren konnte. Das Städtchen Kidekscha wurde, wie das damals üblich war, auf dem hohen Ufer des Flusses gebaut und mit einem Festungsgraben und Wällen umgeben, deren Überreste noch heute zu sehen sind.

Hinter der durch ein schönes Tor unterbrochenen niedrigen Steinmauer sehen wir die einfachen Formen der Stephans-Kirche. Der Glokkenturm mit Zeltdach aus dem Anfang des 18. Jahrhunderts steht schief wie der Turm in Pisa. Gleich daneben ragt die Boris-und-Gleb-Kirche gen Himmel, die wie die Christi-Verklärungs-Kirche in Pereslawl-Salesski im Jahre 1152 erbaut wurde. Sie ist ein typischer Kreuzkuppelbau des 12. Jahrhunderts mit vier Pfeilern und einer Kuppel. Die Außenwände sind durch flache Lisenen gegliedert und mit einer Bogenreihe und einem Zahnfries sparsam geschmückt. Die sorgfältige Bearbeitung des harten Kalksteins und die dünnen Fugen zwischen den Mauerwerkreihen zeugen davon, daß hier erfahrene Meister am Werk waren. Die Susdaler konnten noch nicht so bauen. Sie stammten wahrscheinlich aus dem Galitscher Land, wo der Bruder von Juri Dolgoruki regierte.

Kidekscha, in dem sich die fürstlichen Brüder Boris und Gleb längere Zeit aufhielten, wurde als heiliger Ort verehrt. Die Kirche ist den Brüdern geweiht. Auf den erhaltenen Fresken an den Innenwänden ist eine Szene mit zwei jugendlichen Reitern dargestellt, bei denen es sich um die Brüder handeln könnte, die später heiliggesprochen wurden. Boris und Gleb sind die ersten russischen Heiligen, sie wurden deshalb besonders verehrt. Der Umstand, daß Kidekscha für einen heiligen Ort gehalten wurde, erhöhte ohne Zweifel die Bedeutung der Residenz des Fürsten Juri.

1238 wurde Kidekscha durch die Tataren zerstört, aber schon im folgenden Jahr baute man alles wieder auf und weihte das Gotteshaus erneut. Später diente die ehemalige Fürstenresidenz als Mönchskloster, das jedoch 1764 wieder aufgelöst wurde. Die Klosterkirchen verwandelten sich in einfache Gemeindekirchen, und Kidekscha selbst wurde ein gewöhnliches Dorf.

Die acht Jahrhunderte sind an der Boris-und-Gleb-Kirche nicht spurlos vorübergegangen. Vor dreihundert Jahren stürzten ihre Gewölbe und die Kuppeln ein. Der Wiederaufbau erfolgte bereits mit Ziegelsteinen, die Wände wurden niedriger und mit einem Walmdach überdeckt. Aber immer noch thront die Kirche majestätisch über dem Fluß. Herrlich sind die grünen, endlosen Felder entlang der Kamenka und des Nerl. Poesievoller als dieser Ort ist vielleicht nur noch Bogoljubowo.

71 *Susdal. Tal des Kamenka-Flusses. Links das Alexander-Kloster. 1695. Rechts die Mauer mit Türmen des Mariä-Schutz-Klosters. 16.–18. Jh* →

72 *Susdal. Kreml. Mariä-Geburts-Kathedrale. 13.–16. Jh*

73 *Susdal. Kreml. Mariä-Geburts-Kathedrale. Freske. 13. Jh.*

74 *Susdal. Kreml. Nikolaus-Kirche aus dem Dorf Glotowo. 1766*

75 *Susdal. Kreml. Christi-Verklärungs-Kirche aus dem Dorf Kosljatjewo. 1756*

76 *Susdal. Mariä-Gewandniederlegungs-Kloster. Heiliges Tor. 1688 →*

77 *Susdal. Glockenturm der Kathedrale. 1635. Mariä-Geburts-Kathedrale. 13.–16. Jh. Nikolaus-Kirche. 1720–1739 ⇒*

78 *Susdal. Mariä-Schutz-Kloster. Refektoriumskirche der unbefleckten Empfängnis. 1551*

79 *Susdal. Kosmas-und-Damjan-Kirche. 1725*

80 *Susdal. Mariä-Schutz-Kloster. 16.–18. Jh. →*

81 *Susdal. Kirchenbauten im Dorf Kidekscha. 12.–18. Jh. ⇒*

BOGOLJUBOWO

Mit hohem, saftigem Gras bedeckte Wiesen, Kamillenblüten, Wachtelweizen. Klare, bläulichweiß schimmernde Weiten. Das mit Schilf und Wasserlilien bewachsene, ausgetrocknete Flußbett des Nerl. Am Ufer steht, durch alte Ulmen zärtlich verdeckt, ein anmutiges weißes Kirchlein, das sich im stillen Wasser spiegelt.

Es gibt viele alte Baudenkmäler auf dem »Goldenen Ring«. Keines aber hat in den letzten 800 Jahren die Schönheit der Mariä-Schutz-Kirche am Nerl in Bogoljubowo übertroffen. Diese auf vier Pfeilern ruhende Kreuzkuppelkirche besitzt außergewöhnlich harmonische Proportionen und erfreut durch ihren schönen Reliefdekor.

Es ist schwer zu glauben, daß der grausame Fürst Andrej Jurjewitsch dieses »Gedicht aus Stein« erbauen ließ. Nach dem Dorf, das er für seinen befestigten Palast gewählt hatte, nannte man ihn »Bogoljubski« (Gottesliebender). Demut und Milde klingen aus diesem Namen. Aber das entsprach nicht dem Charakter des zweiten Sohnes von Juri Dolgoruki. Seine Mutter war eine tatarische Prinzessin aus dem Geschlecht Kiptschak. Der Fürst war stolz und hochmütig. In den Chroniken wird er als stark und sehr tapfer beschrieben. Diese Eigenschaften waren gepaart mit Grausamkeit, List und Weitsicht. Er wußte sogar für seinen herrschsüchtigen Vater, Juri Dolgoruki, guten Rat, als jener einen zeitweiligen Mißerfolg im Kampf um den Kiewer Thron erlitten hatte: »Wir haben hier nichts mehr zu tun, Väterchen, machen wir rechtzeitig kehrt, bevor es kalt wird.«

Als Juri Dolgoruki endlich Großfürst geworden war, gab er seinem Sohn die Stadt Wyschgorod in der Nähe von Kiew als Lehen, aber der eigenwillige Andrej verließ mit seinem Kriegsgefolge die Stadt im ausgeplünderten Süden und machte sich zum fernen geliebten Fluß Kljasma auf, an dessen Ufern er aufgewachsen war. Die dichten Wälder boten ausreichenden Schutz vor den Überfällen der kriegslüsternen Steppennomaden. Andrej hatte keine Gewissensbisse, eine besonders verehrte byzantinische Gottesmutter-Ikone mit sich zu nehmen, die das größte Heiligtum der Kiewer Rus war. Seitdem ist die Ikone als »Gottesmutter von Wladimir« bekannt. Darüber ist folgende Legende interessant. Als man die Ikone überführte, soll das Pferd elf Werst von Wladimir entfernt stehengeblieben sein. Diesen Umstand betrachtete Fürst Andrej als ein Zeichen und legte hier Bogoljubowo an, das zu seinem beliebten Aufenthaltsort wurde.

Wladimir und die »steinerne Stadt Bogoljub« gehörten Andrej bereits zu Lebzeiten seines Vaters. Als er nach dem Tode von Juri Dolgoruki Großfürst wurde, ging er nicht nach Kiew, um dort »den Thron zu besteigen«, sondern machte Wladimir zur neuen Hauptstadt.

In Bogoljubowo, auf dem höchsten Punkt des Ufers der Kljasma (dessen Bett sich später nach Süden verlagert hat) errichtete Andrej seine

Burg und die Gottesmutter-Geburts-Kathedrale mit Bogenübergängen zu den Wohngemächern. Er legte einen geräumigen Hof an, der mit Steinplatten gepflastert war, die noch heute anderthalb bis zwei Meter tief in der Erde liegen. Er ließ Häuser für seine Gefolgsleute, für Waffen und Lebensmittelvorräte und Pferdeställe bauen. Alles umgab er mit einem Wall und einem Festungsgraben.

Es gibt Angaben darüber, daß ausländische Meister, die Kaiser Friedrich Barbarossa geschickt hatte, bei den Bauarbeiten behilflich waren. Beziehungen mit Westeuropa waren nichts Außergewöhnliches. Schon hundert Jahre vor Andrej, zur Regierungszeit von Jaroslaw dem Weisen[1], war die Kiewer Rus einer der mächtigsten Staaten Osteuropas.

Von den hohen Burgtürmen aus war die Umgebung weit überschaubar. Ob berittene Boten vorbeigaloppierten, Wagenzüge auf den Landstraßen Staub aufwirbelten oder Handelsschiffe über den Nerl in die Kljasma einfuhren, nichts entging dem Auge der fürstlichen Wachtposten. Alles wurde angehalten und durchsucht. Für Waren erhob man Zoll, der dem Fürsten zufloß und »zur Ausstattung des Muttergottes-Hauses«, der Mariä-Schutz-Kathedrale, verwendet wurde.

Diese Kathedrale entstand zum Gedenken an den im Kampf mit den Wolgabulgaren gefallenen ältesten Sohn des Fürsten Andrej. Der Überlieferung nach soll das Baumaterial, weißer Kalkstein, als Tribut von den Bulgaren herangeschafft worden sein. Die Kirche wurde in etwa zwei Kilometer Entfernung von der Burg, an der Mündung des Nerl in die Kljasma, auf einer künstlich angelegten, kleinen Insel erbaut, der ein massives Fundament Festigkeit verlieh. Der ganze Hügel war mit Steinplatten belegt, die man bei archäologischen Ausgrabungen entdeckte.

Es müssen auch Nebenbauten bestanden haben, über die wir jedoch keine genauen Angaben machen können, da nichts erhalten geblieben ist. Aber auch in ihrer jetzigen Gestalt ist die Mariä-Schutz-Kirche am Nerl wunderschön, besonders zur Zeit des Hochwassers, wenn sich die Kathedrale wie eine flimmernde Vision über dem Wasser erhebt.

Die Wände des einkuppeligen kubischen Baukörpers haben eine leichte Neigung nach innen, wodurch das Gebäude höher erscheint. Alles wurde getan, um den Blick nach oben zu lenken, um daran zu gemahnen, daß es neben allem Irdischen noch den Himmel gibt. Das Höhenstreben erreichte der Baumeister durch schmale Halbsäulen an fla-

---

[1] Jaroslaw der Weise (um 978–1054), Großfürst von Kiew seit 1019. Er kämpfte für die Vereinigung der russischen Fürstentümer. Durch eine Reihe von Siegen sicherte er die südlichen und westlichen Grenzen der Rus. Jaroslaw knüpfte dynastische Beziehungen mit vielen Ländern Europas an.

chen Pilastern, hohe schmale Fenster, dichte Anordnung der Säulen des Blendarkadengürtels, eine schlanke Trommel und eine spitze Kuppel.

Der plastische Dekor des Gotteshauses ist besonders schön. Die Archivolten an den Portalen scheinen wie aus Baumblättern geflochten. In den Sakomarenbögen sehen wir die Figur König Davids als Psalmensänger, Frauenmasken, Tauben, Greifen und Löwen. Der Löwe wurde anstelle des Susdaler Jagdfalken in das Wappen des Fürstentums Wladimir aufgenommen.

Mit der Übernahme der Religion von Byzanz kamen zusammen mit den Ikonen, Büchern und Kirchengeräten auch die griechischen kirchlichen Feiertage in die Alte Rus. Eine ganze Reihe dieser Feste fiel nicht mit dem landwirtschaftlichen Zyklus des weiter nördlich gelegenen Landes zusammen. Außerdem wollte die neue russische Hauptstadt einen eigenen Feiertag haben. Offensichtlich auf Anordnung Andrej Bogoljubskis führte die Kirche das Fest der Fürbitte der Heiligen Jungfrau ein, das in Byzanz von untergeordneter Bedeutung war. In Rußland wurde es bald zum beliebtesten Dorffest. Der Tag, der 1. Oktober nach dem alten julianischen Kalender, war sehr günstig. Zu diesem Zeitpunkt war die Ernte eingebracht und die Feldarbeiten gingen zu Ende; in den Dörfern war es zu einem guten Brauch geworden, an diesem Herbsttage fröhliche Hochzeiten zu veranstalten.

Vielleicht wählte man diesen Feiertag deshalb, weil er mit der Jungfrau Maria verknüpft ist. Bei vielen finnougrischen Stämmen des Nordostens, die sich allmählich mit den Russen vermischten, war die Hauptgottheit eine Frau. Und neue Religionen übernahmen von der alten immer das Nützliche.

Von der alten Burg ist nur der Übergang aus der Kirche zum Turm mit einer Wendeltreppe und einem oberen Flur erhalten geblieben. Der architektonische Dekor des Turmes erinnert an den dekorativen Schmuck der alten Christi-Geburts-Kathedrale, die 1751 umgebaut wurde. Er trägt eine Reihe Blendarkaden, an den Ecken befinden sich Halbsäulen mit gemeißelten Kapitellen, ein Rundgiebel schließt die Wand nach oben ab, über dem im 18. Jahrhundert ein Glockenturm mit Zeltdach errichtet wurde.

Der Treppenturm war Zeuge der Tragödie, die sich in der Nacht zum 29. Juni 1174 abspielte, der Nacht, als Fürst Andrej ermordet wurde. An der Verschwörung nahmen ihm sehr nahestehende Personen, unter ihnen seine Gemahlin, teil. Nach erbittertem Widerstand wurde der Fürst getötet. Danach brachen die Mörder die Schatzkammer und die Waffenlager auf. An der Plünderung des Palastes beteiligten sich auch die Einwohner von Bogoljubowo. Die Unruhen breiteten sich auf Wladimir und den ganzen Amtsbezirk aus; des Fürsten Verwalter und Gefolgsleute wurden beraubt und mißhandelt.

Der grausame Machthaber, der Schrecken der Bojaren, den das einfache Volk haßte, weil es unter seiner Tyrannenherrschaft schwer zu leiden hatte, wurde später von der Kirche heiliggesprochen.

Zweifellos hatte Andrej Bogoljubski wenig Heiliges an sich. Aber die Rolle Andrej Bogoljubskis als selbständiger Fürst des Rostow–Susdaler Landes ist in geschichtlicher Sicht sehr wichtig. Hier begann er eine neue Staatsordnung aufzubauen; er war der erste Fürst, der die Alleinherrschaft anstrebte. Um alleiniger Herrscher zu sein, jagte er seine jüngeren Brüder, Neffen und die alten Bojaren seines Vaters davon. Er hatte besser als manche anderen erkannt, daß das Wladimir-Susdaler Gebiet mit seinen Handelswegen und dem Getreide- und Holzreichtum eine feste Grundlage für einen Staat bildete. In dem Feldgebiet der Salessje legte er den Grundstein des künftigen russischen Staates. Und er hinterließ uns das schönste Denkmal des russischen Mittelalters, die unvergleichliche Mariä-Schutz-Kirche am Nerl.

82 *Bogoljubowo. Mariä-Schutz-Kirche am Nerl. Nordwestansicht. 1165 →*

83, 84 *Bogoljubowo. Mariä-Schutz-Kirche am Nerl. Bauplastik. 1165*

85 *Bogoljubowo. Mariä-Schutz-Kirche am Nerl. 1165*

86 *Bogoljubowo. Mariä-Schutz-Kirche am Nerl. Arkaden. 1165*

WLADIMIR

Als die Kiewer Rus durch Steppennomaden verwüstet wurde, wandten ihre Bewohner hilfesuchend ihre Blicke nach dem fernen Nordosten. Sie erwarteten Beistand von dem dort regierenden Fürst Wsewolod. Diese Hoffnung hat der Dichter des *Liedes von der Heerfahrt Igors* treffend ausgedrückt: ». . . Großfürst Wsewolod! Gedenkst du nicht, aus der Ferne zu kommen, um den goldenen Thron deiner Väter zu bewachen? Du kannst die Wasser der Wolga mit deinen Rudern verdrängen und den Don mit den Helmen deiner Krieger ausschöpfen!«

In der zweiten Hälfte des 12. Jahrhunderts flüchtete der größte Teil der Bevölkerung des Dneprgebietes über die Oka nach »Salessje« (hinter den Wäldern liegendes Land). Dort entstand das neue Zentrum des künftigen Großrussischen Staates, der sich zunächst aus dem Wladimir-Susdaler Fürstentum und dem später entstandenen Moskauer Großfürstentum entwickelte.

Die Regierungszeit von Wsewolod, genannt Großes Nest[1], und seinem älteren Bruder Andrej Bogoljubski war der Gipfel der Macht und des Ruhmes des Wladimir-Susdaler Fürstentums. Seine neue Hauptstadt, Wladimir an der Kljasma, stand der alten Hauptstadt Kiew weder in der Stärke der Verteidigungsanlagen noch in der reichen Ausstattung der Gotteshäuser nach.

1160 rief Andrej Jurjewitsch die »Meister aller Länder« zusammen und ließ die dreikuppelige Mariä-Himmelfahrts-Kathedrale erbauen, die von innen und außen reich mit plastischem Dekor, Fresken und Gold verziert wurde.

Der Brand von 1185 vernichtete den größten Teil dieses kostbaren Schmucks. Die Kathedrale wurde von russischen Baumeistern wieder-aufgebaut. Voller Stolz berichtet die Chronik darüber, daß es nicht mehr notwendig war, ausländische Handwerker einzuladen. Beim Umbau der Kathedrale wurde der östliche, der Altarteil erweitert, die drei anderen erhielten neue Wände. Das ursprüngliche Gebäude war danach nicht mehr sichtbar, nur die Sakomaren ragten über die Dächer der niedrigen Gewölbe empor, die Wsewolod errichten ließ.

Das neue Gotteshaus bekam fünf große vergoldete Kuppeln. Der in fünf Teile untergliederte Innenraum nahm an Umfang zu, da die alten Wände durch große und kleine Bögen durchbrochen wurden.

---

[1]Wsewolod III. Großes Nest (1154–1212), Großfürst von Wladimir seit 1176, Sohn von Juri Dolgoruki. Er kämpfte erfolgreich gegen die Feudalaristokratie: machte sich die Städte Kiew, Tschernigow, Rjasan und Nowgorod untertan. Während seiner Regierungszeit gelangte das Wladimir–Susdaler Fürstentum zu höchster Blüte. Wsewolod hatte zwölf Kinder und erhielt deshalb den Beinamen »Großes Nest«.

Details des ursprünglichen Dekors sind erhalten geblieben, zum Beispiel der Blendarkadenfries mit keilförmigen Konsolen und gemeißelten Kapitellen westeuropäischer Art, der darüber angeordnete Zahnfries und Fragmente der alten Fresken an den Außenwänden. Wsewolods Meister wiederholten diese Details oft bei ihren weiteren Arbeiten.

Dreihundert Jahre später kopierte ein Italiener aus Bologna, Aristoteles Fioravanti, diese Dekordetails, um sie für seinen Bau im Moskauer Kreml zu verwenden, als er den Auftrag erhielt, ein Gotteshaus nach dem Vorbild der alten Wladimirer Kirchen zu bauen.

Im Laufe der Jahrhunderte stand die Kathedrale mehrmals in Brand; sie wurde restauriert, behielt aber im großen und ganzen ihr ursprüngliches Aussehen bei. Im 19. Jahrhundert entstand neben dem Hauptgebäude ein hoher Glockenturm, der dem Stil der Zeit entsprach, aber insgesamt mit der Kathedrale harmoniert.

Die kostbare Ikone der Gottesmutter von Wladimir, die ein genialer byzantinischer Künstler Anfang des 12. Jahrhunderts schuf und die sich jetzt in der Tretjakow-Galerie in Moskau befindet, schmückte früher die Mariä-Himmelfahrts-Kathedrale.

Weltbekannt ist das Schaffen von Andrej Rubljow, dem größten russischen Maler des Mittelalters. In der Mariä-Himmelfahrts-Kathedrale sind die beiden Gewölbe unter der Empore, der Pilaster im linken Teil des Altars, der südwestliche Pylon und die ovalen Felder in den Ornamentbändern im unteren Wandteil mit Fresken von Andrej Rubljow, Daniil Tschorny und ihren Gehilfen bemalt.

Ein zweites hervorragendes Bauwerk des Wladimirer Kremls ist die Demetrius-Kathedrale aus dem Jahr 1197; sie war die Hofkirche von Wsewolod III. Die einfache einkuppelige Kirche ist typisch für das 12. Jahrhundert, ihre Formen sind harmonisch aufeinander abgestimmt und wirken äußerst majestätisch. In der Nähe beeindruckt der reiche plastische Dekor an den Wänden über dem prächtigen Arkadenband. Dargestellt sind Wappentiere, Vögel, Pflanzenornamente, Heiligenfiguren, Könige aus dem Alten Testament, Propheten, Kompositionen zu mythologischen, religiösen und Alltagsthemen. König David erscheint dreimal in den zentralen Rundgiebeln (Sakomaren) der Fassaden. Wir sehen, wie Alexander der Große von Greifen gen Himmel getragen wird. Ein einzigartiges »Testament in Stein« ist der auf dem Thron sitzende Fürst Wsewolod, der seinen Söhnen deren neugeborenen Bruder zeigt.

Nach der Mariä-Schutz-Kirche am Nerl zählen die Mariä-Himmelfahrts- und Demetrius-Kathedrale zu den wundervollsten alten Bauten des Wladimir-Susdaler-Gebiets.

An dritter Stelle unter den Wladimirer Baudenkmälern ist das Goldene Tor aus dem Jahr 1164 zu nennen. Es ist wahrscheinlich das einzige erhaltene Beispiel für die hohe Qualität altrussischer Wehrbauten.

Der aus weißem Kalkstein bestehende, von einem gewaltigen Bogen durchbrochene kubische Baukörper wurde im 19. Jahrhundert rekonstruiert. An den Ecken erschienen runde Türme und an den Seiten niedrige Anbauten. Die Mariä-Gewandniederlegungs-Torkirche wurde völlig umgebaut. Im Laufe der Zeit sind die Mauern des Tores anderthalb Meter tief in die Erde gesunken, so daß die Höhe der Durchfahrt geringer wurde. Das Tor, das Fürst Andrej erbaute, der selbst in der Kirche nie sein Haupt gebeugt haben soll, ist aber auch heute noch schön und furchtgebietend.

In Wladimir gibt es noch einige bemerkenswerte Denkmäler altrussischer Architektur. Das interessanteste davon ist die Mariä-Himmelfahrts-Kathedrale des Fürstinnen-Klosters, das die Gattin Wsewolods, Maria, eine Tochter aus dem Bojarengeschlecht Schwarnow, gründete. Die Kathedrale diente lange als Totengruft der Großfürstinnen. Sie wurde mehrmals umgebaut. Die Spuren dieser Umbauten ermöglichen es uns, die Entwicklung der russischen Baukunst vom 13. bis zum 19. Jahrhundert zu verfolgen.

Die Kathedrale ist durch ihre vortrefflichen Fresken bekannt, die entsprechend den Traditionen der altrussischen Gotteshäuser angeordnet sind. An der Nord- und Südwand finden wir Szenen aus dem Leben der Gottesmutter, der die Kathedrale geweiht ist. Im Altarteil sind die Apostel dargestellt. Auf den Pfeilern, die die Gewölbe und die Kuppel tragen, sind Bischöfe und Großfürsten, die Stützen der kriegerischen Kirche, abgebildet. Nach der Messe verließen die Gläubigen das Gotteshaus durch den Westeingang. Und als abschreckende Mahnung an die Vergeltung für ihr »sündiges Leben«, in das sie zurückkehrten, trat ihnen an der Westwand der Kathedrale die Darstellung des Jüngsten Gerichts entgegen.

Eine weitere Mariä-Himmelfahrts-Kirche wurde im Jahr 1642 »auf Grund der Emsigkeit und Mühe der Wladimirer Kaufleute« am Kljasmaufer, an der alten, bis heute erhaltenen Stadtgrenze erbaut. Dieses kleine, schöne Gotteshaus hat fünf dicht aneinander gerückte kleine Kuppeln und einen Glockenturm mit Zeltdach.

Die Nikolaus-Kirche in Galeja und die Nikita-Kirche, beide aus dem 18. Jahrhundert, erfreuen uns durch ihre elegante Silhouette. Die

---

[1]Wladimir II. Monomach (1053–1125), Fürst von Smolensk seit 1067, von Tschernigow seit 1078, von Perejaslawl seit 1093, Großfürst von Kiew seit 1113. Er war der Sohn Wsewolod I., seine Mutter war die Tochter des byzantinischen Kaisers Konstantin Monomach. Als Großfürst kämpfte er gegen die feudale Zersplitterung, rief die Fürsten zur Vereinigung und Festigung der Rus auf.

Erbauer waren sich damals bewußt, daß die Silhouette die Hauptsache in der russischen Baukunst war.

Es sind auch einige Bauwerke des einst so reichen Christi-Geburts-Klosters erhalten geblieben. In diesem Kloster wurde 1263 der Kriegsfürst Alexander Newski begraben (nach ihm ist der sowjetische Alexander-Newski-Orden benannt). Die Klostermauer, die auf dem ehemaligen Festungswall über einem tiefen Graben errichtet wurde, ist ein Denkmal aus der Epoche Wladimir Monomachs, des Gründers dieser unvergleichlichen Stadt.

Wladimir Monomach[1] ließ auch die Festung Jaropoltsch (heute die Stadt Wjasniki) erbauen, die er nach dem Namen seines zweiten Sohnes, Jaropolk, benannte. Sein vierter Sohn, Juri Wladimirowitsch Dolgoruki, errichtete im Jahr der Gründung Moskaus gleichzeitig die Festung Gorochowez. Beide Städte liegen in einer malerischen Landschaft an der Kljasma. Sie befinden sich etwas abseits vom »Goldenen Ring«, doch mit der Zeit werden sie zweifellos in eine neue Touristenroute einbezogen, die durch den Südwesten des alten Moskauer Staates führen wird.

87 *Wladimir. Hauptstraße der Stadt. Goldenes Tor. 1164 →*

88 *Wladimir. Mariä-Himmelfahrts-Kathedrale. 1158–1160, 1185–1189 →*

89, 90 *Wladimir. Mariä-Himmelfahrts-Kathedrale. Fresken von Andrej Rubljow. 1408*

91 *Wladimir. Demetrius-Kathedrale. Nordfassade. 1194–1197 →*

92, 93 *Wladimir. Demetrius-Kathedrale. Bauplastik. 1194–1197 →*

94 *Wladimir. Fürstinnen-Kloster. Mariä-Himmelfahrts-Kathedrale. Ende des 15., Anfang des 16. Jahrhunderts*

95 *Wladimir. Nikita-Kirche. 1762–1765*

JURJEW-POLSKI

In der Alten Rus gab es drei Städte mit dem Namen Jurjew. Eine befand sich im Kiewer Gebiet, die zweite lag am Peipussee. Die dritte Stadt gleichen Namens hatte Juri Dolgoruki im entlegenen Susdaler Schwarzerdegebiet nordwestlich von Wladimir im Jahre 1152 gegründet und ihr seinen Namen gegeben. Um sie von den anderen beiden Städten zu unterscheiden, nannte man sie Jurjew-Polski, das heißt »die Stadt Juris, die in den Feldern liegt«.

Spitzbugige Boote mit Juris Kriegern fuhren stromaufwärts auf der Kolokscha, dem gewundenen Nebenfluß der Kljasma, der auch heute noch den alten Namen trägt, den ihm die einst dort lebenden Merjanen gaben.

Am Oberlauf des Flusses, dort, wo das Flüßchen Gsa in ihn einmündet, ließ Fürst Juri auf einem kleinen Kap die Festung erbauen. Entsprechend dem Brauch seiner Zeit umgab er sie mit einem Graben und einem Wall, der auch heute noch an einigen Stellen mehr als sieben Meter hoch ist.

Die Geschichte von Jurjew-Polski ist nicht reich an großen Ereignissen. Bald nach ihrer Gründung wurde die Stadt zur Hauptstadt des kleinen Fürstentums. Vor ihren Mauern fanden erbitterte Schlachten der sich befehdenden Nachkommen von Juri Dolgoruki statt. In den ersten Jahren des 15. Jahrhunderts erhielt der Bruder des berühmten Jagailo, der litauische Fürst Swidrigailo, der dem Moskauer Großfürsten untertan war, die Stadt als »Lebensunterhalt«.

Ein Jahrhundert später übernahm der tatarische Prinz Abdul Letif, der von der Krim nach Moskau gekommen war, die Regierung der Stadt. Er verlor jedoch die Gunst Iwans III. und mußte den Rest seines Lebens als Verbannter in Jurjew-Polski verbringen. Ein anderer tatarischer Prinz, Kaibula aus Astrachan, bekam die Stadt als Dank für die Iwan dem Schrecklichen geleistete militärische Unterstützung gegen den Livländischen Orden. Kaibula übernahm die russische Lebensweise und lebte hier bis zu seinem Tode. Alle diese zeitweiligen Herren taten wenig für die Entwicklung der Stadt, sondern waren daran interessiert, immer größere Einkünfte von den Stadtbewohnern und aus den umliegenden Dörfern einzutreiben. Das Städtchen verarmte; es wurde bis zum 16. Jahrhundert kaum in den Chroniken erwähnt. Erst unter Iwan dem Schrecklichen zeichnete sich in der Stadt ein Fortschritt ab, als im alten Erzengel-Michael-Kloster, das im 13. Jahrhundert von Swjatoslaw Wsewolodowitsch gegründet worden war, die ersten Steinbauten auftauchten.

In den siebziger Jahren des 16. Jahrhunderts errichtete man eine Steinmauer um das Kloster. Bis auf den Westabschnitt wurde die Mauer in der zweiten Hälfte des 17. Jahrhunderts umgebaut. In das Kloster gelangt man durch das Heilige Tor, das sich unter der fünfkuppeligen Kirche Johannes des Theologen (1670) befindet. Das Tor besteht aus vier Bögen, zwei davon dienten zur Durchfahrt von Wagen und zwei für Fußgänger. Massive achteckige Pfeiler unterteilen die Bogenöffnungen. Über der Arkade befindet sich die mit viereckigen Vertiefungen und zierlichen Fensterrahmungen geschmückte überdachte Kirchenvorhalle.

Reich verziert ist die Erzengel-Michael-Kathedrale. Sie ist hundertzwanzig Jahre jünger als die Torkirche, wurde aber im alten Stil erbaut, so daß sie gut mit den anderen Gebäuden, insbesondere mit dem imposanten Glockenturm, dem beeindruckendsten Bauwerk des Klosters, harmoniert. Der achteckige Baukörper des Turms ruht auf einem breiten, niedrigen Kubus. Die Wandflächen der ersten Etage sind mit viereckigen Vertiefungen bedeckt. Die zweite Etage, die von der ersten durch einen Zahnfries abgegrenzt wird, ist mit drei Reihen von Figurennischen verziert. Darüber folgt ein kompliziertes, reich profiliertes Gesims. Die Bogenöffnungen der Glockenstube stützen sich auf mächtige Halbsäulen, die mit großen dekorativen »Glasperlen« geschmückt sind. Auf dem zeltförmigen Dach, in das kleine Schallfenster eingelassen sind, thront eine glänzende, mit grünen Dachziegeln gedeckte Kuppel.

Ein weiteres Denkmal, das auf dem Gelände des Klosters erhalten blieb, ist die Refektoriumskirche der Gottesmutter des Zeichens aus dem Jahr 1625. Allem Anschein ging sie in ihrer jetzigen Form aus dem Umbau einer noch älteren Kirche hervor. Von besonderem Interesse sind der Einpfeilersaal und die Kirche im Obergeschoß.

Alle alten Bauten stehen innerhalb der Kremlwälle, die bereits im 12. Jahrhundert, zur Zeit von Juri Dolgoruki entstanden sind. Eine riesige Kathedrale (Anfang des 20. Jahrhunderts) verdeckt im Kreml die größte Kostbarkeit von Jurjew-Polski, die berühmte Georgs-Kathedrale, die Swjatoslaw Wsewolodowitsch 1234 auf dem Fundament eines Gotteshauses aus dem Jahr 1152 erbauen ließ. Nach den zahlreichen weißen Kalksteinkirchen (manchmal stark geweißt), denen wir auf dem »Goldenen Ring« begegnen, ist die Georgs-Kathedrale mit ihren grünlichgelben, silbern schimmernden Steinwänden eine erfreuliche Abwechslung für das Auge. Natürlich war der Kalkstein vor siebenhundertvierzig Jahren weiß. Durch das Grundwasser und weil die Wände nicht vom Fundament isoliert waren, hat sich die Farbe geändert. Im Frühjahr und im Herbst fällt das besonders auf. An einigen Stellen, in den unteren Teilen der Wände, nimmt der Stein dann eine grellgrüne Farbe an. Die Kathedrale wurde nach dem Vorbild der eleganten Demetrius-Kathedrale in Wladimir gebaut. Die Wände waren höher und schlossen mit spitzen Sakomaren ab. Die helmförmige Kuppel ruhte auf einer hohen, schlanken Trommel mit schmalen Fenstern. Das ganze Gotteshaus war wie in Spitzen gehüllt und von oben bis unten mit vortrefflichem Steinmetzwerk bedeckt. Aber die Kathedrale ereilte das gleiche Schicksal wie die Christi-Geburts-Kathedrale in Susdal. Mitte der sechziger Jahre des 15. Jahrhunderts stürzten die Gewölbe und der größte Teil der Wände ein. Am besten erhalten blieben die Nordwand bis zur Höhe der Blendarkaden und ein Teil der Westwand. Diese Gebäudeteile lassen ahnen, wie märchenhaft schön das Gotteshaus vor seiner Zerstörung und Restaurierung gewesen sein muß. Vortrefflichen Plastikdekor haben wir des öfteren auf dem »Goldenen Ring« gesehen, aber in der Georgs-Kathedrale ist er einzigartig. Die thematischen Kompositionen und einzelnen Figuren sind in Hochrelief ausgeführt, und die gesamte Wandfläche ist mit feingezeichneten flachen Pflanzenornamenten bedeckt.

Es gibt Grund anzunehmen, daß dieses Schmuckwerk von zwei Handwerkergruppen ausgeführt wurde, wobei eine Gruppe die Hochrelieffiguren herstellte und die andere den flachen ornamentalen Hintergrund schuf. Es wurde die Vermutung geäußert, daß Bulgaren die Plastiken anfertigten, da einer Legende nach (die vielleicht auf Tatsachen beruht) Wolgabulgaren den Kalkstein nach Wladimir gebracht haben sollen. Aber die kunstwissenschaftliche Analyse zeigt, daß die Bauplastik aller Wahrscheinlichkeit nach doch von russischen Meistern aus Wladimir und Susdal ausgeführt wurde.

Die Motive der Hochreliefs sind mannigfaltig. Da gibt es den hl. Georg, den Schutzpatron Juri Dolgorukis, heraldische Löwen mit Schwänzen in Form eines seltsamen Baumes, Figuren von Heiligen und Frauenmasken, den sich aufbäumenden Schneeleoparden, das Wappen der Wladimirer Fürstendynastie, und den Märchenvogel Sirin. Diese Arbeiten stammen zweifellos von russischen Meistern. Wer sonst hätte »Kitowrassen« (antike Kentauren) in russischen Kaftanen und Mützen darstellen können? Die eine Figur hat ein Beil, die andere einen Knüppel in der Hand. Daneben befindet sich die Darstellung eines Hasen.Außerdem ist an der Kirchenwand eine Aufschrift, die man für den Namen des Hauptbildhauers hält. Nur ein Teil des Wortes ist zu entziffern: ». . . baku . . .«, was möglicherweise »Awwakum« bedeutet.

Im Innenraum des Gotteshauses stehen die vier Gewölbestützpfeiler weit auseinander. Das macht den kleinen Raum größer. Den Eindruck der Geräumigkeit verstärken auch die Kapellen und der durch eine niedrige Schranke abgetrennte Altar. In der Nordwestecke des Bauwerkes ist eine kleine weißsteinige Totengruft angebaut. Dort ist der Bauherr der Kirche, Swjatoslaw Wsewolodowitsch, beigesetzt, dessen Leben und Regierungszeit als Großfürst kurz gewesen sind.

1471 wurde der bedeutende Moskauer Baumeister Wassili Jermolin mit der Wiederherstellung der Kathedrale beauftragt. Er fand ein trauriges Bild in Jurjew-Polski vor. Ein riesiger Steinhaufen war alles, was von der Kuppel und dem größten Teil des Kirchengebäudes übriggeblieben war. Die bearbeiteten Steine, die einst sorgfältig entworfene, harmonische Kompositionen aus Hochreliefffiguren und flachen Pflanzenornamenten bildeten, mußten sortiert und wie bei einem Puzzlespiel neu zusammengesetzt werden. Viele Steine waren völlig zerfallen und nicht mehr brauchbar.

Jermolin errichtete die neue Kathedrale im Geiste seiner Zeit, aber es war ihm nicht geglückt, die vielfigurigen Kompositionen zu einem Ganzen zu vereinen. Einen Teil des früheren Dekors – über achtzig Steine – benutzte er einfach zum Bau der Gewölbe. Andere Steine gerieten in die Höfe der Nachbarhäuser und fanden bei Neubauten Verwendung.

Kostbare Bruchstücke wurden von dem bekannten Archäologen P.D. Baranowski gesammelt und sorgsam in den Innenraum der Kathedrale gebracht. Mit dem Entziffern des »Steinrätsels«, das heißt der Georgs-Kathedrale nach Jermolins Restauration, beschäftigten sich viele Forscher.

96 *Opolje. Umgebung von Jurjew-Polski →*

97 *Jurjew-Polski. Georgs-Kathedrale. 1234*

98-100 *Jurjew-Polski. Georgs-Kathedrale. Details des Reliefdekors. 1234*

ALEXANDROW

Die Stadt Alexandrow, früher Alexandrowa Sloboda, liegt in einer malerischen Gegend. Die blühenden Täler und die Haine mit den schlanken Tannen und Birken erinnern an die Landschaftsbilder des bekannten russischen Malers Nesterow.

Im Stadtzentrum erheben sich zwischen niedrigen Holzhäusern hinter den weißen Mauern und Türmen der Umfriedung die Kuppeln der alten Kirchen. Vielleicht ist dies die einzige Klosterfestung der Alten Rus, bei deren Bau auch Frauen beschäftigt waren. Vor dreihundertsechzig Jahren wurde hier auf den Fundamenten baufällig gewordener Palastgebäude aus der Zeit Iwans des Schrecklichen ein Frauenkloster gegründet. Ursprünglich war diese Klosteranlage mit einem einfachen Holzzaun umgeben.

Jedoch der Alte Kornili, ein energischer, ehrgeiziger Mann, beauftragte bald nach seiner Ernennung zum Abt des Klosters (1662) den Moskauer Meister Iwan Gerassimow und dessen Gehilfen mit dem Bau steinerner Mauern und Türme.

Es mangelte manches Mal an Ziegeln und Steinen und auch an Arbeitskräften. Kornili stellte auch Frauen zur Arbeit ein; sie mußten die alten baufälligen Gebäude abbrechen, um zusätzliches Baumaterial zu beschaffen. Auch die alte Dreieinigkeits-Kathedrale aus dem Anfang des 15. Jahrhunderts wurde teilweise umgebaut. Die Kathedrale ist einkuppelig, steht auf einem massiven Kubus, besitzt in drei Teile gegliederte Außenwände und halbrunde Sakomaren. Sie hat eine gewisse Ähnlichkeit mit der älteren Dreieinigkeits-Kathedrale (1422) in Sagorsk. Daher glaubte man eine Zeitlang, die Kathedrale in Alexandrow sei hundert Jahre früher erbaut worden. Aber einige ihrer architektonischen Details sind offenbar italienischen Ursprungs, und italienische Architekten tauchten in Rußland erst Ende des 15. Jahrhunderts auf.

Eine der größten Sehenswürdigkeiten des Gotteshauses ist das Goldene Tor, dessen mächtige Eichenflügel mit rotem Kupfer beschlagen und mit Gold verziert sind. Seit dem 14. Jahrhundert hatte dieses Tor die Sophien-Kathedrale in Nowgorod geschmückt, bevor es Iwan der Schreckliche im Jahr 1570 nach Alexandrow brachte, zusammen mit einem anderen Tor aus der Stadt Twer, die von seinen Truppen zerstört worden war.

Von drei Seiten ist die Kathedrale von einer überdachten Galerie umgeben. Im Kellergeschoß befinden sich einige interessante Grabmäler aus weißem Kalkstein.

Die Mariä-Schutz-Kirche von Alexandrow war einst die Hauskirche Iwan des Schrecklichen. Im 17. Jahrhundert baute man ein Refektorium und Abtgemächer an, die den Blick auf das alte Zeltdach von allen Seiten versperrten. Das Dach vermittelt auch heute noch eine Vorstellung von der strengen Schönheit des Gotteshauses vor vierhundert

Jahren. Es haben sich Fragmente der alten Fresken erhalten und die Kellerräume aus weißem Kalkstein, wo der unterirdische Gang begann, ein Zubehör aller mittelalterlichen Festungen. Reste dieses Ganges wurden erst in jüngster Zeit, im Jahre 1960 entdeckt.

Es besteht die Vermutung, daß Wassili III., der Vater Iwans des Schrecklichen, die Mariä-Himmelfahrts-Kirche erbauen ließ. Sie wurde ebenfalls mehrmals umgebaut, und von ihrem ursprünglichen Aussehen ist wenig geblieben.

Die Mariä-Reinigungs-Kirche wurde in der zweiten Hälfte des 17. Jahrhunderts auf dem Fundament und mit Einbeziehung der Wände eines älteren Bauwerks errichtet. In dieser Kirche sind die Töchter des Zaren Alexej Michailowitsch, Marfa und Feodossija, bestattet.

Zu den hervorragenden Denkmälern von Alexandrow gehört der hohe Glockenturm mit Zeltdach. Er wurde über dem Baukörper eines alten Glockenstuhls aus dem 16. Jahrhundert errichtet. Ihn umgab man mit mächtigen Pfeilern, die einen achteckigen Baukörper und die Galerien mit breiten Bogenöffnungen tragen. Darüber folgen drei Reihen sich nach oben verjüngender halbrunder Kokoschniks. In das polygonale Zeltdach sind Lukarnen eingelassen. Über dem Zeltdach erhebt sich noch ein kleines Achteck mit Kuppel.

An den Glockenturm schließen sich kleine Wohngemächer an, in denen die Stiefschwester Peters I., Marfa, neun Jahre (1698–1707) zubrachte, nachdem sie von ihrem Bruder gezwungen worden war, den Schleier zu nehmen. Die spätere russische Kaiserin Jelisaweta Petrowna lebte hier fast ebenso lange in Verbannung.

Die finstersten Zeiten in der Geschichte von Alexandrowa Sloboda sind mit Iwan dem Schrecklichen verbunden. Siebzehn Jahre lang war Alexandrow die Hauptresidenz des Zaren. Hier verkündete er die Aufstellung einer Leibwache, der »Opritschniki«. Als er nach langwährendem Kampf den Krieg mit Livland (1558–1583) und damit alle Gebiete verlor, die sein Vater und Großvater erobert hatten, unterschrieb er in Alexandrow die schweren Friedensbedingungen mit Polen und Schweden. Von hieraus überfiel er mit seiner Leibwache und dem adeligen Landsturm die großen Handelszentren Nowgorod und Twer und plünderte den Grundbesitz der ihm nicht willfährigen Bojaren. Erst wenige Jahre vor seinem Tode verließ der schreckliche Herrscher diese Stadt und kehrte nach Moskau zurück.

101 *Alexandrow. Dreieinigkeits-Kathedrale. 16. Jh.*

102 *Alexandrow. Ġlockenturm 16.–17. Jh.*

103 *Alexandrow. Mariä-Himmelfahrts-Kirche. 16.–17. Jh.*

104 *Alexandrow. Refektorium und Glockenturm. 17. Jh.*
Mariä-Schutz-Kirche. 16. Jh.

SAGORSK

Das Kunsthistorische Museum der Stadt Sagorsk wurde 1920 durch ein Dekret W. I. Lenins eingerichtet. Mit seinem wunderschönen Bauensemble, seinen reichen Kollektionen, darunter einer Sammlung altrussischer Malerei, und den Kunstschätzen des ehemaligen Dreieinigkeits-Sergius-Klosters kann es zu Recht als »Juwel unter Juwelen« bezeichnet werden. Das Kloster in Sagorsk war früher auch eine Festung, die durch die standhafte, heldenmütige Verteidigung während einer sechzehnmonatigen Belagerung Berühmtheit erlangte.

Vor dreihundertsechzig Jahren verwandelten die polnischen Interventen die russischen Gebiete in ein Flammenmeer. Festungstürme brachen im Feuer zusammen, die Straßen der brennenden Städte waren mit Blut getränkt. Wie eine winzige Insel im überfluteten Land hielt die Festung des Dreieinigkeits-Klosters den Eindringlingen stand. Sie wurde größtenteils von Bauern der umliegenden Dörfer verteidigt. Die Belagerer waren oft in zehn-, zeitweise in zwanzigfacher Übermacht. Nicht nur die Verteidiger des Klosters, sondern das ganze Land war sich klar darüber, daß der Fall des Dreieinigkeits-Klosters das Ende für die ganze Rus bedeutet hätte. Und sie haben durchgehalten, die feindlichen Heere zurückgeschlagen. Die Regimenter des dünkelhaften Jan Sapieha wurden aufgerieben, und die Reste seiner Armee waren gezwungen, vom Dreieinigkeits-Sergius-Kloster abzuziehen . Die kleine Festung Sagorsk wurde damit zum Vorläufer der heldenhaften Städte des Großen Vaterländischen Krieges (1941–1945).

Die niedrigen Klostermauern waren in den Jahren 1540–1550 nach dem Vorbild von Kitai-Gorod (ein Bezirk im alten Moskau) entstanden. Nach der denkwürdigen Belagerung wurden die Mauern erhöht und die am meisten zerstörten Türme neu gebaut. Heute gibt es insgesamt elf Türme, zwei davon haben Durchfahrten. Drei der vier runden Ecktürme, der Pjatniza-, der Wasser- und der Gezimmerte Turm, haben ihr ursprüngliches Aussehen am besten bewahrt. Der vierte, der Enten-Turm, erhielt später eine dekorative Bekrönung. Der Rote Turm mit dem Heiligen Tor wurde Anfang des vorigen Jahrhunderts aufgestockt.

Innerhalb der Klostermauern erstrahlen die Kuppel und das Dach der alten Dreieinigkeits-Kathedrale in goldenem Glanz. Sie ist das erste Denkmal in Rußland zu Ehren des Begründers der Klosterfestung, Sergius von Radonesh. Die Kathedrale wurde 1422, im Jahre der Heiligsprechung des Sergius und seiner offiziellen Verkündigung als »Schutzheiliger der russischen Lande«, errichtet.

Sergius (Bartholomäus vor Ablegung des Mönchsgelübdes) war der Sohn eines nicht sehr reichen Rostower Bojaren, der vom Moskauer Großfürsten das kleine Städtchen Radonesh »zum Lebensunterhalt« bekommen hatte. Sergius betätigte sich im alten Rußland auf politischem und religiösem Gebiet. Er strebte eine Einigung der russischen Gebiete an (»Sammeln der russischen Erde«) und wirkte aktiv an der Organisation des Widerstandes gegen die »Goldene Horde« mit. Der russische Landsturm, der 1380 das Heer des Khans Mamai zerschlug, sammelte sich in der Nähe des Dreieinigkeits-Klosters. Sergius begeisterte nicht nur die Moskauer Krieger, sondern brachte auch andere Lehnsfürsten dazu, sich dem Heer Dmitri Donskois anzuschließen.

In der einkuppeligen Dreieinigkeits-Kathedrale ruht die sterbliche Hülle von Sergius, und im Museum in Sagorsk wird das Sargtuch mit dem Bild des Abtes aufbewahrt. Sergius war von hoher Gestalt und breitschultrig, sein dichtes Haar behielt er bis ins hohe Alter hinein, was von Kraft und Gesundheit zeugte.

Der Ikonostas der Kathedrale enthält Arbeiten von Andrej Rubljow und »seinen Kameraden«. Der größte Maler des mittelalterlichen Rußland schuf hier seine weltbekannte *Dreieinigkeit.* Sie befindet sich jetzt in der Tretjakow-Galerie, während den Ikonostas eine vorzügliche Kopie schmückt.

Das zweite alte Gotteshaus, die Heilig-Geist-Kirche, wurde 1476 von Pskower Baumeistern bereits aus Ziegelsteinen errichtet. Ungewöhnlich an diesem Kirchenbau ist, daß sich die Glockenstube unter der Kuppel befindet. »Unter den Glocken« nannten unsere Vorfahren solche Kirchen.

Die Errichtung der Hauptkirche des Klosters, der großen fünfkuppeligen Mariä-Himmelfahrts-Kathedrale, begann 1559 während der Regierungszeit Iwan des Schrecklichen. Unter Zar Fjodor Ioannowitsch wurde der Bau 1585 beendet. Erhabenheit, Einfachheit und Strenge charakterisieren die äußere Gestalt des Gotteshauses. In der Kathedrale befindet sich ein holzgeschnitzter, gewaltiger Ikonostas, an dessen Rückseite, hoch oben, ein Platz für den Chor eingerichtet ist. Den Besuchern des Gottesdienstes schien es, als kämen die Stimmen der Mönche »direkt vom Himmel«. Den Ikonostas schmücken Arbeiten des berühmten Ikonenmalers Semjon Uschakow. Unter den Kuppeln hängen kupferne gegossene Kronleuchter, erlesene Beispiele hervorragender Handwerkskunst. Alle Wände und Gewölbe sind mit Fresken bedeckt, ausgeführt im Sommer des Jahres 1684 von fünfunddreißig Ikonenmalern unter Leitung von Dmitri Grigorjew (die Namen der Künstler sind an der Westwand der Kathedrale verzeichnet).

Das niedrige rechteckige Gebäude an der Nordwestecke der Mariä-Himmelfahrts-Kathedrale ist die Totengruft der Familie Godunow. Weder Zar Boris noch seine Gemahlin, die Tochter des grausamen Maljuta Skuratow (ein Führer der Opritschniki) waren beim Volke beliebt. Auch der charakterlose Sohn Boris Godunows geriet bald in Vergessenheit. In dankbarer Erinnerung behielt das Volk nur die Prinzessin Xenia Borissowna. Sie war eine gutherzige, teilnahmsvolle Frau von seltener Schönheit und dazu eine vortreffliche Stickerin, was unsere Vorfahren besonders schätzten. Eine von Xenia 1601 gestickte Altardecke zum Thema »Die Königin ist erschienen« wird im Museum aufbewahrt. Auf der Decke sind die Gottesmutter, Christus und Johannes der Täufer dargestellt, vor denen sich Sergius von Radonesh und Nikon in Ehrfurcht verneigen. Die Stickerei ist mit Seide, Gold- und Silberfaden und Edelsteinen auf Samt ausgeführt und besitzt hohen Kunstwert.

Die Mörder, die Xenias Mutter und Bruder töteten, hatten ihr Leben nur deshalb verschont, um sie dem Falschen Demetrius[1] zur Konkubine zu geben.

Wie um die Aufmerksamkeit von der düsteren Totengruft im Schatten alter Linden abzulenken, steht auf der anderen Seite der Westfront des Gebäudes die fröhliche, schmucke Brunnenkapelle, die wie ein farbig bemaltes, geschnitztes Spielzeug aussieht. Sie wurde gegen Ende des 17.Jahrhunderts im Naryschkin-Stil erbaut, das heißt, auf dem üblichen kubischen Unterbau ruhen drei übereinanderstehende Achtecke. Eine andere Brunnenkapelle (ebenfalls spätes 17. Jahrhundert) steht auf der anderen Seite der Klostermauer, am Flußufer, östlich von der Pjatniza-Kirche und der Mariä-Opferungs-Kirche (beide 1547). Die Kapelle, die man wegen ihrer Nähe zur Pjatniza-Kirche als Pjatniza-Kapelle bezeichnete, hat viel von ihrem Dekor verloren und ist in die Erde gesunken, aber ihr wellenförmiges Dach mit den zwei von Lichtöffnungen durchbrochenen Achtecken, der feine plastische Schmuck des Eingangs-

---

[1]Usurpator und Abenteurer. Er übernahm den Namen des russischen Zarewitsch Dmitri Iwanowitsch, der in Uglitsch angeblich nicht gestorben war. 1601 erschien er in Polen und wurde von polnischen Magnaten und katholischen Geistlichen in seinem Bestreben, Rußland zu erobern, unterstützt. Der Falsche Demetrius versprach, nach seiner Thronbesteigung Polen einen Teil von Rußland abzutreten, dem polnischen König Sigismund III. bei dessen Kampf mit den Schweden militärische Hilfe zu leisten und in Rußland den Katholizismus einzuführen. Im Herbst 1604 überschritt er mit einem polnisch-litauischen Heer die russische Grenze. Ein Teil der russischen Feudalen, Doner und Saporosher Kosaken und Bauern der südlichen Gebiete, in denen sich der Kampf gegen den Feudalismus entwickelte, schlossen sich ihm an. Am 1. Juni 1605, nach dem Tode von Boris Godunow, traf der Falsche Demetrius an der Spitze des zu ihm übergelaufenen russischen Heers in Moskau ein. Er regierte von 1605 bis 1606. Bei seinem Versuch, eine selbständige Innen- und Außenpolitik durchzuführen, scheiterte er. Infolge einer Verschwörung gegen die Regierung und eines Aufstandes der Moskauer Bürger wurde er ermordet.

portals und die Reste der Fensterrahmungen zeugen davon, wie schön dieses kleine Bauwerk gewesen sein muß.

Ende des 17. Jahrhunderts erfolgte der Umbau des alten, etwa drei Jahrhunderte zählenden Refektoriums. Das von 1686–1692 neu errichtete Gebäude erhebt sich auf einem hohen Unterbau mit offener Galerie und breiter Treppe. Es ist mit skulpierten Halbsäulen, halbrunden Muscheln und Fensterrahmungen in Form stilisierter Weinreben verziert. Die Wände des Refektoriums sind schachbrettartig mit grüner, gelber, blauer und roter Farbe gestrichen. Innen überspannt den großen Saal ein breites Muldengewölbe, dessen Konstruktion für das 17. Jahrhundert eine bedeutende technische Leistung war, die lange unübertroffen blieb. Die Malereien an den Wänden und Gewölben datieren aus dem 19. Jahrhundert, sind aber für ihre Zeit recht interessant. In der Kirche, die am Ende des Saales durch ein schmiedeeisernes, vergoldetes Gitter abgetrennt ist, wird der Blick des Eintretenden auf den schönen geschnitzten Ikonostas gelenkt.

Ein hervorragendes Bauwerk aus dem Anfang des 17. Jahrhunderts ist das Spitalgebäude mit der angebauten Sossima-und-Sawwati-Kirche, der einzigen Zeltdachkirche im Kloster. Noch vor relativ kurzer Zeit war sie von einfachen Wohnbauten verdeckt und verfiel zusehends. Der lange Zeit im Kloster arbeitende talentierte Architekt und Restaurator J. W. Trofimow gab dem wunderschönen rotweißen Gotteshaus, dessen hohes polygonales Zeltdach mit grünen Kacheln verziert ist, seine ehemalige Schönheit zurück. Heute ist dies einer der malerischsten Winkel des Klosters.

Aus dem 17. Jahrhundert stammt auch die Torkirche Johannes des Täufers, die 1692–1699 von den Stroganows, bedeutenden Kaufleuten und Industriellen, erbaut wurde. Obwohl die Kirche nur noch eine der fünf ursprünglichen Kuppeln hat, ist sie immer noch ein vortreffliches Denkmal der Vergangenheit. Ihr Dekor erinnert in vielem an den Schmuck des Refektoriums.

In der zweiten Hälfte des 17. Jahrhunderts entstand auch der Gästepalast des Zaren Alexej Michailowitsch, die sogenannte Zaren-Kartause. Der Zar kam oft in das Dreieinigkeits-Sergius-Kloster, das Hauptheiligtum des Moskauer Staates. Da sein Gefolge über fünfhundert Mann zählte, mußte die Zarenresidenz groß genug sein, um sie alle aufzunehmen. Das Gebäude hat schlichte Formen, die Außenwände waren einst reich mit Kacheln geschmückt, die teilweise erhalten sind. In den Innenräumen sind die Stuckornamente und zwei Kachelöfen interessant. Die Öfen zählen wohl zu den schönsten erhalten gebliebenen Stükken dieser Art.

Ein ungewöhnliches »Denkmal aus drei Jahrhunderten« ist das prächtige Haus des Metropoliten. Von der nördlichen Hauptfassade sieht das Gebäude zweigeschossig aus. Beim genaueren Hinsehen von Norden erkennt man jedoch noch ein weiteres, unteres Geschoß, das im 16. Jahrhundert in den Hügel hineingebaut wurde. Darüber setzte man im 17. Jahrhundert das zweite Geschoß, während das dritte Mitte des 18. Jahrhunderts hinzukam, als auch das ganze Gebäude seinen Dekor erhielt und das Klosterensemble seiner Vollendung entgegenging.

In der gleichen Zeit entstand auch die kleine Michejewskaja-Kirche. Im starken Kontrast steht sie neben dem großen, reich geschmückten und feierlich wirkenden Refektoriumsgebäude. Das bescheidene Kirchlein zieht den Blick durch sein originelles Aussehen auf sich. Auch zweitrangige Gebäude können eben anziehend sein, wenn der Baumeister begabt ist.

Der Haupteingang in das Kloster führte durch den Pilger-Torturm an der Nordseite der Mauer. Um den Strom der Pilger zur Mariä-Himmelfahrts-Kathedrale und weiter zum Grabmal des hl. Sergius in der Dreieinigkeits-Kathedrale zu organisieren, wurden im Jahre 1745 die alten, brandgeschädigten Bauten gegenüber dem Pilger-Turm abgerissen. Zur gleichen Zeit begann man mit dem Bau der Kirche der Gottesmutter von Smolensk nach einem Projekt von Dmitri Uchtomski, dem künftigen Begründer der ersten russischen Architekturschule, aus der eine Reihe bedeutender russischer Architekten hervorgingen, wie M. F. Kasakow und K. I. Blank, der Gehilfe Rastrellis.

Die Kirche der Gottesmutter von Smolensk (Hodigitria-Kirche) ist eines der ersten Projekte des jungen Uchtomski. Das Bauwerk weist originelle architektonische Formen auf, der Dekor ist im »Elisabethanischen Barockstil« gehalten. Der Grundriß bildet ein Achteck mit abwechselnden konvexen und konkaven Seiten. Das Gebäude steht auf einem hohen Kalksteinsockel und hatte vier zweiläufige Außentreppen (drei davon sind restauriert) mit steinernen, skulpierten Balustraden. Die drei Türen tragen gleichartigen Portalschmuck und werden von Pilasterpaaren flankiert. Den oberen Abschluß bildet eine helmartige Kuppel, die von einem Kreuz über einem Halbmond bekrönt wird, was den Sieg des Christentums über die muselmanische Türkei bedeutete.

Die Kirche der Gottesmutter von Smolensk ist durch An- und Umbauten entstellt worden. Lange Zeit war ihr Erbauer unbekannt. Die Sage verband ihre Errichtung mit der geheimen Vermählung der Kaiserin Elisabeth mit dem Hofsänger Alexej Rasumowski. Man schrieb den Bau W. Rastrelli zu. Aber der talentvolle Architekt B. D. Komarow, der die Kirche restaurierte, gab dem Kloster nicht nur eines seiner schönsten Bauwerke zurück, sondern fand auch heraus, daß sein Baumeister Dmitri Uchtomski war, der letzte und begabteste von allen Architekten, die am Bau des Klosters mitwirkten.

Mit dem Bau des fünfgeschossigen Glockenturms fand Uchtomski für das Klosterensemble einen würdigen Abschluß. Der Turm gehört zu den prächtigsten Glockenturmbauten Rußlands. Ohne ihn ist Sagorsk unvorstellbar. Wir nehmen Abschied von der Stadt, aber die goldene Krone des Glockenturms des Dreieinigkeits-Sergius-Klosters, dieses kostbaren Denkmals altrussischer Architektur, werden wir noch lange vor Augen haben.

105 *Sagorsk. Dreieinigkeits-Sergius-Kloster. Südansicht →*

106 *Sagorsk. Dreieinigkeits-Sergius-Kloster. Dreieinigkeits-Kathedrale. 1422. Heilig-Geist-Kirche. 1476* →

107 *Sagorsk. Dreieinigkeits-Sergius-Kloster. Dreieinigkeits-Kathedrale. 1422. Nikon-Nebenkirche. 1548–1623*

108 *Sagorsk. Dreieinigkeits-Sergius-Kloster. Mariä-Himmelfahrts-Kathedrale. 1559–1585*

109 *Sagorsk. Dreieinigkeits-Sergius-Kloster. Enten-Turm. 17. Jh.*

110 *Sagorsk. Dreieinigkeits-Sergius-Kloster. Torkirche Johannes des Täufers. 1692–1699. Heiliges Tor. 16.–20. Jh.*

111 *Sagorsk. Dreieinigkeits-Sergius-Kloster. Im Zentrum die Kirche der Gottesmutter von Smolensk. 1745–1753 →*

112 *Sagorsk. Dreieinigkeits-Sergius-Kloster. Mönchszellen Johannes des Täufers. 17. Jh.*

113 *Sagorsk. Dreieinigkeits-Sergius-Kloster. Zaren-Kartause. Ende des 17. Jh.*

114 *Sagorsk. Dreieinigkeits-Sergius-Kloster. Saal des Refektoriums. 1686–1692 →*

115 *Sagorsk. Dreieinigkeits-Sergius-Kloster. Südostansicht ⇒*

VERZEICHNIS DER ABBILDUNGEN

ЗОЛОТОЕ КОЛЬЦО

Альбом (на немецком языке)

Издание третье

Издательство „Аврора“. Ленинград. 1988

Изд. № 2159. (6-00)

Отпечатано при посредничестве
Внешторгиздата

Printed and bound in Yugoslavia